Georg Jacob

Der nordisch-baltische Handel der Araber im Mittelalter

EHV
HISTORY

Georg Jacob

Der nordisch-baltische Handel der Araber im Mittelalter

ISBN/EAN: 9783955642983

Auflage: 1

Erscheinungsjahr: 2012

Erscheinungsort: Bremen, Deutschland

Der

Nordisch-baltische Handel der Araber

im Mittelalter.

Dargestellt

von

Georg Jacob.

Arbeit vnd fleiss, das sind die flügel,
So füren vbr Stram vnd hügel.

Fischart.

LEIPZIG.

Verlag von Georg Böhme.

1887.

,Wir sind heutzutage im Vollbewusstein unserer modernen zivilisatorischen Überlegenheit über den im Verfall begriffenen Orient wenig geneigt uns davon eine richtige Vorstellung zu machen, dass in der ersten Hälfte des Mittelalters das Verhältnis zwischen Ost und West ungefähr das umgekehrte war.'

Prof. A. Müller.

Einleitung.

Der Handel als Kulturträger im Allgemeinen und Speziellen.

Indem die Geschichte Thatsachen der Vergangenheit der Zukunft überliefert, muss sie sich bei der Unmöglichkeit und Nutzlosigkeit, alles Geschehene in ihre ehernen Tafeln zu graben, die Frage vorlegen, welche Thatsachen aus dem ungeheuern Material die meiste Beachtung verdienen. Man wird eingestehen müssen, dass die Kriege und Friedensschlüsse, die Gestalten der Herrscher und Heerführer, wenn sie auch meist bis zu einem gewissen Grade in die Entwickelung der Menschheit thätig eingreifen, jene doch nur sehr unvollkommen zum Ausdruck bringen können, selbst aber weit mehr Produkte der jedesmaligen Kulturentwickelung sind als sie diese beeinflussen. Das Wesentliche der Geschichte hat man daher längst in jenen inneren Vorgängen erkannt, welche den Charakter der Völker bilden und die Humanität in immer vollendeterer Form in die Erscheinung treten lassen; jede wissenschaftliche Geschichtsdarstellung muss demnach Kulturgeschichte sein. Ein wichtiger, wenn auch nicht der wichtigste Träger der Kultur, ist nun von jeher der Handel gewesen, einerseits sie erzeugend, andrerseits — in noch höherem Grade — sie verbreitend. Seine erzeugende Kraft beruht darauf, dass bei ihm jede Leistung eine Gegenleistung

1

verlangt und er so das Prinzip der Arbeitsteilung ins Leben
ruft. Seine verbreitende aber wird stets da beobachtet werden,
wo ein höher zivilisirtes Volk mit Barbaren kommerzielle
Verbindungen anknüpft, obwohl der Kaufmann, von prak-
tischen Gesichtspunkten geleitet, selten bewusst für die Kultur
Propaganda macht. In grossartigem Maassstabe muss eine
solche Einwirkung des Chalifenreiches auf die nordischen
Völker bei der Intensität seines Verkehrs mit, denselben
stattgefunden haben, wenn auch die pragmatische Äusser-
lichkeit der mittelalterlichen Historiker, welche fast ausschliesslich politische Vorgänge ins Auge fasste, wenig davon
der Nachwelt überliefert hat. Doch kommen die Folgen
dieses Einflusses vielleicht noch uns unbewusst zu gute.
Wegen der Missgunst aber, welche sich immer und immer
wieder gegen die Leistungen der Araber erhebt, obwohl sie
zweifellos während des Mittelalters die Hauptträger jeder
höheren Bildung gewesen sind, wird es nicht überflüssig sein,
an einem andern Orte ihre kulturelle Bedeutung zu untersuchen, welche für die Charakteristik des Verkehrs wesentlich
ist; hier sei nur noch erwähnt, dass gerade die östlichen
Provinzen, von denen, wie wir später sehen werden, die
Handelswege nach dem Norden führten, eine besonders grosse
Zahl hervorragender Männer auf den verschiedensten Gebieten
menschlichen Könnens hervorgebracht haben. Zunächst
scheint allerdings die Annahme einer Kultureinwirkung des
Orients auf den Occident vermöge des Handelsverkehrs manche
Bedenken gegen sich zu haben. Ist doch die Weisheit des
Morgenlandes zum grössten Teile auf dem westlichen Wege
zu uns gewandert. Hier aber dürfen wir, nach den Münzfunden schliessend, einen Handel kaum annehmen. Dagegen
ist einzuwenden, dass die Fundkarte, einseitig benutzt, notwendig auf falsche Bahnen lenken muss, wie ich in der
Folge zeigen werde; es sind gewichtige litterarische und
sprachliche Zeugnisse vorhanden, dass der spanisch-fränkische

Handel nicht unbedeutend war. Man beachte auch, dass hier
die Juden, welche doch während des Mittelalters der Hauptsache nach ein Handelsvolk gewesen sind, zugleich viele
geistige Schätze des Morgenlands, namentlich auf dem Gebiete
der Philosophie und Naturwissenschaften, dem Abendland
übermittelt haben. Im Osten aber, wo der Verkehr aus
später zu erörternden Gründen allerdings noch intensiver gewesen zu sein scheint, sind wir durchaus nicht berechtigt,
der spärlichen Nachrichten halber eine bedeutende Kultureinwirkung zu leugnen. Haben wir es doch hier mit Barbaren
zu thun, bei denen sich noch keine Geschichtsschreibung
entwickelt hatte. Für die Araber aber war es von geringem
Interesse, dass die Fremden ihnen Dinge absahen, die jedem
Orientalen längst bekannt und alltäglich waren; so schweigen
auch sie von jenem Einfluss, der nichts desto weniger für
jene von epochemachender Bedeutung gewesen ist. Eine
Parallele für die mutmaasslichen Verhältnisse auf den kaspisch-
baltischen Verkehrsstrassen haben sie noch in unseren Tagen
in Zentralafrika vor Augen, obwohl sie, da der Islâm viel von
der einstigen Spannkraft seines Geistes eingebüsst hat, nur ein
unvollkommenes Bild gewähren mag. Wie dort heutzutage der
muhammedanische Handel die Lehre des Qorân*) rastlos über
weite Länderstrecken vorwärts schiebt, ähnlich mag es vor
1000 Jahren im heutigen Russland zugegangen sein, da wir
bis zu den Burṭâs**) und weiter auf den Handelswegen die
Spuren arabischer Propaganda verfolgen können. Ibn Faḍlân
fand in Bulġâr schon eine muhammedanische Gemeinde vor.
Sie wird wiederum der Anlass zu der Gesandtschaft nach
Baġdâd gewesen sein. Die Gegengesandtschaft des Chalîfen

---

*) Dieser reine Monotheismus ist schon an sich für die dortigen
Fetischanbeter Kultur.

**) Volk im Gebiete der heutigen Mordwa; vielleicht ‚Tschuwaschen‘;
seinen Namen haben noch ein Fluss und mehrere Ortschaften bewahrt.
Nach arab. Geographen war der Islâm unter ihnen verbreitet.

sehen wir darauf in Bulgâr eifrig im Dienste der Zivilisation und Kultur arbeiten. Sie hat, wie schon Frähn angenommen, höchstwahrscheinlich das Münzwesen an die Ufer der Wolga verpflanzt; mögen hierzu auch rein kaufmännische Interessen die Veranlassung gewesen sein, so begnügte man sich doch damit noch nicht; den beigegebenen Baumeistern*) gelang es vermutlich, einen Teil der Stadt seines dorfartigen Aussehens zu entkleiden und durch Gebäude, die der grossen Handelsmetropole würdig waren,**) bei dem staunenden Nordländer, der seine Pelzwaren dorthin zu Markte brachte, neue Anschauungen und Vorstellungen zu erwecken; Ibn Faḍlân berichtet ferner, dass er sich Mühe gab, die dortigen Frauen zu bewegen, sich im Bade vor den Männern zu verschleiern.***) Ob die noch heute in Kasan und sonst in Zentralrussland bestehenden muhammedanischen Gemeinden ihren Ursprung in jene Tage hinaufzudatiren vermögen oder nicht, jedenfalls hat der Einfluss der Araber auch dort noch, wo er, weil nicht so stark Proselyten zu machen, keine lebenden Zeugen hinterlassen hat, wohlthätig gewirkt, da durch den Handel die trägen Barbaren zur Arbeit erzogen wurden, indem sich dem Arbeitsamen weite Perspektiven auf eine behagliche und geachtete Zukunft eröffneten.

Doch scheinen auf den Handelsstrassen Russlands auch sonstige Zeugen noch nicht gänzlich verstummt zu sein. So liegt die Annahme nahe, dass an der Verbreitung der Cucurbitaceen der nordisch-baltische Handel der Araber einen bedeutenden Anteil hatte. Wer nun die Wichtigkeit dieser Gewächse für manche Gegenden Südrusslands, in denen sie zeitweilig fast das ausschliessliche Nahrungsmittel bilden,

---

*) Jâqût I, 723.

**) Ich schliesse das aus Stellen wie Muqaddesî 361, wo es von Bulgâr heisst: والجامع فى السوق

***) Freilich erfolglos. Zunächst hat man an das Gesicht, dann erst an die Schaamteile zu denken.

kennt, wird dieses Geschenk, das von Südosten kam, nicht
gering schätzen. Dass unser Wort ‚Gurke‘ zunächst das
polnische ogórek ist, hat schon der Germanist Kluge zuge-
geben. Das Böhmische hat okurka, das Russische, welches er
nicht erwähnt, ogurez. Dieses slavische Wort ist aber wiederum
ein wahrscheinlich durch das Medium des Byzant.*) (aggoyrion)
hindurchgegangenes arabisches ῾adjdjûr oder nach ägyptischer
Aussprache ῾aggûr.**) Grimm führt noch die Form Agurke an.
Allerdings darf den Arabern immer nur ein Anteil an der Verbreitung dieser Frucht zugeschrieben werden; die Vorstellung,
dass sie dieselbe von Persien sogleich nach Deutschland verpflanzt
haben, wäre unhaltbar. Auch geht es nicht an, etwa alle von uns
heute gezogenen Cucurbitaceenarten diesen Weg wandern zu
lassen, da einige, bereits viel früher in Europa bekannt, zweifelsohne auf ziemlich divergenten Strassen dorthin gelangten. Dennoch ist mir sehr wahrscheinlich, dass unser Wort ‚Kürbis,
Kerbs‘ orientalischen Ursprungs sei. Bei Freytag (Lex.
Arabico-Lat.) findet man: chirbiz***) melo; kirbiz cucumeres
magni. Vullers gibt folgende persische Namen an: cherbuz

*) Byzanz beteiligte sich ja auch an unserem Handelsverkehr, ob-
wohl hier nur an den Einfluss kleinasiatischer Griechen gedacht zu
werden braucht.

**) Rödiger und Pott (Z. f. Kunde d. Morgenlands VII, S. 150) und
wohl auch Hehn (S. 274) führen jedenfalls mit Unrecht aggoyrion auf das
persische engâre zurück: die persischen Originalwörterbücher wissen nichts
von dieser Bedeutung, die nur von Meninski angeführt wird. Lane leitet
fälschlich das arabische ‚῾agûr‘ von dem griechischen aggoyrion ab; dass
übrigens das djîm zu verdoppeln ist, was Freytag wie Lane versehen haben,
geht daraus hervor, dass der Qâmûs — und so auch die türkische Bearbeitung desselben von ῾Asym Efendi das von ihm selbst nicht mit seiner
Bedeutung angeführte Wort und sein nomen unitatis, عجّور als Para-
digma für die Formen فَعّول und فَعّولة z. B. بَلّورة gebraucht. Daneben
stehen die unteschdîdirten Formen als vulgär. — Aggoyron oder aggoyrion
ist übrigens die anguria unserer Botaniker.

***) Das z der Transskription ist stets weich zu sprechen.

u. cherbuze (Kürbis) cherbûz u. cherbûze (Melone), kurbuz
(Kürbis); wahrscheinlich ist das arabische Wort aus dem
Persischen entlehnt. — Den Mut, eine so nahe lautliche Berührung für ein Spiel des Zufalls zu erklären, habe ich nicht.
Wir werden entweder eine Wanderung von West nach Ost
oder aber eine solche in umgekehrter Richtung annehmen
müssen. Letztere ist allerdings für den Kürbis unwahrscheinlich; dagegen sehr wahrscheinlich für die Melone. Nun findet
man aber bei Grimm alte Belege dafür, dass unser Wort
‚Kürbis‘ ursprünglich eine andere Cucurbitaceenart als die,
welche wir heute darunter verstehen, bezeichnete; überhaupt
lassen sich auf diesem Gebiet mehrfach Verwechslungen beobachten; so bedeutet aggoyrion eigentlich Wassermelone
und wurde doch zur Gurke. Obwohl nun noch ausser bereits
Erwähntem*) darauf aufmerksam gemacht werden kann,
dass poln. kawon (Wassermelone) lautlich = قاون**) cucu-
mis angulatus) ist, leiten doch die Germanisten (Grimm,
Kluge) unser Wort ‚Kürbis‘ aus dem lat. cucurbita ab. Der
Umstand, dass es sich schon im Althochdeutschen findet,
würde an sich die arabische Herkunft noch nicht zeitlich
unmöglich machen. Ein sehr bedenklicher Grund gegen die
lateinische ist dagegen das männliche Geschlecht des deutschen
Wortes. Wenn Kluge erwähnt, dass es in seltenen Fällen
auch als Femininum gebraucht wird, so wähne man nicht
damit den antiken Ursprung stützen zu können; solche Ausnahmen, bei Fremdwörtern fast regelmässig zu beobachten,
müssen wir lediglich der sprachlichen Inkorrektheit zuschreiben,
die sich gerade in dieser Hinsicht viel zu Schulden kommen

---

*) So schreiben Rödiger und Pott, Zeitschrift für Kunde des
Morgenlandes, VII, 151; Freytag قروی Doch wird das Zusammenstossen
zweier wâw gern vermieden, indem man das eine beseitigt. Das Wort
ist ursprünglich türkisch: Melone.

**) Unsere Bezeichnung ‚Türkenkopf‘ für Kürbis möchte ich hiermit
nicht in Verbindung bringen.

lässt. Ferner kommen die Germanisten noch obenein mit der Lautverschiebung in Konflikt. Kluge sah sich, um den Uebergang von t in z zu erklären, genötigt, die Zeit der Entlehnung noch vor die grosse sprachliche Revolution zu verlegen, welche Nord- und Süddeutschland trennte; das angels. cyrfet passt allerdings vortrefflich in den Rahmen dieser Hypothese. Nur darf nicht übersehen werden, dass Rückbildungen vom Hochdeutschen ins Niederdeutsche unter Berücksichtigung der Lautverschiebungsgesetze stattfinden, wie man noch heute beobachten kann. Grimm bemerkt aber nun ausdrücklich, dass auf norddeutschem Boden, wo man das t auch erwarten sollte, es selten erscheint; und ich selbst entsinne mich bei plattdeutsch redender Bevölkerung nur die Form ‚Kerbs' gehört zu haben. Den Ausschlag dürfte schliesslich die Autorität Hehns geben, welcher die östlichen Teile des Chalifenreichs als Heimat der Melonen bezeichnet (pag. 270 u. f.) Jene Gegenden liefern noch heute die besten und bildeten einst den Ausgangspunkt des nordischen Verkehrs. Von der Wassermelone sagt Hehn unter anderm: ‚Sie wanderte nach Persien ein, als die Verbindung mit Indien neu eröffnet war, sei es zur Zeit der arabischen oder mongolischen Herrschaft .... nach Russland von den ţaţarischen Reichen Astrachan und Kasan; in Kleinrussland waren wohl die Kosakenhorden am Dniepr ihre Verbreiter'. Gleich der Gurke sei sie bei uns ein Ankömmling des Mittelalters.

Vielleicht reichen auch die muhammedanischen Einflüsse, welche wir bei den heidnischen Tscheremissen, einem prototürkischen*) Volksstamme in Zentralrussland finden, in die Blütezeit des arabisch-baltischen Verkehrs hinauf, wofür der Umstand sprechen würde, dass die Araber Honig und Wachs

---

*) Ich habe diese Benennung nach dem Vorschlag des Herrn Staatsrat v. Kunik gewählt, der meine Bezeichnung ‚tschudisch' für diese Völker beanstandete.

mehrfach unter den nordischen Handelsartikeln erwähnen und die Tscheremissen noch heute hauptsächlich der Bienenzucht obliegen. Über die Sitten und Sprache dieses Volkes hat Wiedemann in den Arbeiten der kurländischen Gesellschaft für Litteratur und Kunst Bd. I, Heft II gehandelt. (Vergl. auch Ermans Archiv Bd. VII). Der Verfasser hat bereits (E. A. VII pag. 417) darauf aufmerksam gemacht, dass die Feier des Freitags*) und das Vermeiden des Schweinefleischgenusses den Tataren nachgeahmt zu sein scheine; auch hat er in ihrem obersten Gott Pujenbar Juma (juma heisst auf tscheremissisch ,Gott') den Propheten Paigamber**), so wie in ihrem Hauptfest juman bjaran das Beiramfest erkannt. Doch finden sich noch unter dem, was er mitteilt, muhammedanische Einflüsse, die ihm entgangen sind. So erzählt er (E. A. VII, S, 419), dass die Tscheremissen den Teufel Schajtan nennen; sodann, dass sie unter den Göttinnen am meisten eine gewisse Kaba verehren; bedenkt man, dass z. B. in der nordischen Mythologie der Hammer Thors wieder als Gott personifizirt wurde, dass ausserdem die Tscheremissen nur unbewusste Muhammedaner waren, während sie offiziell für Heiden galten, mithin sich nicht auf der Pilgerfahrt über die Kaʿba unterrichten konnten, so wird es wahrscheinlich, dass sie aus dieser eine Göttin machten, vielleicht durch Ausrufe wie قرب الكعبة bei dem Herrn der

---

*) Von den gleichfalls wegen ihrer Bienenzucht berühmten Tschuwaschen heisst es in einem Aufsatze ,Die Jagd bei den Simbirsker Tschuwaschen' (Ermans Archiv Bd. X, S. 467): ,Der Freitag ... wurde von diesem Volk vor seiner Bekehrung zum Christenthum für heilig gehalten und wird noch immer von ihm in der Weise gefeiert, dass man sich aller Arbeit enthält.

**) Dass sich die Kaufleute bei dem nordischen Verkehr unserer Periode zum grossen Teil der persischen Sprache bedienten, geht unter anderm aus Muqaddesî 325 hervor. Auch deuten darauf die vielen persischen Lehnworte im Osttürkischen hin.

Ka'ba etc. veranlasst, die sie aus dem Munde der Kaufleute
hörten. Einen abgegrenzten Opferplatz, dem Weiber nicht
nahen dürfen, nennen sie keremet, worin vielleicht das arabische
ḥarâm steckt; auf die Vielweiberei der Tscheremissen, die
allerdings hinsichtlich der Zahl der Frauen mit der qorânischen
Verwandtschaft zu haben scheint, will ich kein Gewicht legen.
Wir finden also zweifelsohne islâmische Einflüsse, die zwar
auch aus den Tagen der Mongolenherrschaft oder aus noch
jüngerer Zeit durch Vermittelung der Tataren herrühren
könnten; aber doch gerade dadurch, dass die Tscheremissen
im oberen Wolgagebiet wohnen, also an der alten Verkehrsstrasse sassen, ferner dadurch, dass sich deutlich ostislamische
Entlehnungen zeigen und vielleicht auch durch ihre Unklar-
heit und Verworrenheit, die Hypothese gestatten, dass sie
durch kaufmännischen Verkehr entstanden.

Durch die aufgestellten Gesichtspunkte werden die folgenden Untersuchungen an Bedeutung gewinnen; denn es
ist von relativ sehr geringem Interesse, zu erfahren, auf
welchem Wege die Araber ihre Zobelpelze bezogen haben,
dagegen ist es von der grössten Wichtigkeit, zu wissen, auf
welchen Strassen ihre Kultur in die Barbarenländer vordrang,
namentlich zu solchen, in denen sie Wurzel geschlagen und
Früchte getragen hat.

Bei den Kulturentlehnungen müssen wir aber noch der
zu ihnen zählenden Sagen- und Wortwanderungen gedenken.
Die Wissenschaft von ersteren, durch Benfey begründet, ist
nunmehr der vergleichenden Mythologie, welche das gemein-
same Urgut stammverwandter Völker aussondert, als not-
wendiges Komplement entgegen getreten. Da sich, wie
vorauszusehen, beide Disziplinen häufig die Materie streitig
machen, ist es unerlässlich geworden, die Möglichkeiten und
Wege der Wanderungen zu konstatiren, eine Aufgabe,
welche in erster Linie die Handelsgeographie zu lösen hat.
Ueberhaupt ist im Allgemeinen zu bemerken, dass bei der

Art und Weise, wie wir fremde Sprachen erlernen, nur zu
häufig vergessen wird, dass eine feste Abgeschlossenheit
zwischen den einzelnen Kultursystemen des Altertums eigentlich nirgends bestanden hat und sich diese Thatsache nicht
nur im Mythen-, sondern auch im Sprachbildungsprozess
wiederspiegeln muss; lehrt doch die Sage vom Turmbau zu
Babel neben vielem anderen jedenfalls auch das, dass ein
babylonisches Sprachgewirr in der Weltstadt an das Ohr
des Fremden drang. In ähnlicher Weise war Baġdâd im
Mittelalter ein Sitz des Weltverkehrs und eine überaus poly-
glotte Stadt; sagt doch von ihr Ja'qûbî (pag. 4):

ولاّنّه سَكَنَها من اصناف الناس واهل الامصار والكور وانتقل
اليها من جميع البلدان القاصية والدانية وآثَرَها جميع اهل
الآفاق على اوطانهم فليس من اهل بلد الّا ولهم فيها محَلّة
ومَتْجَر ومتصرّف

Da wir nun in der That bei der folgenden Untersuchung
vielfach auf Fremdwörter stossen werden, dürfte es zweck-
mässig sein, uns von vornherein über die Gründe auszusprechen, welche wir für genügend erachten, um ein Wort
in einer Sprache als Lehnwort zu bezeichnen. Vor allem
kommen drei Bedingungen in Betracht:

1. Es muss in der Sprache, die es aufgenommen haben
soll, keine passende Etymologie vorhanden sein, obwohl
die Erfüllung dieser Bedingung nicht unerlässlich ist.
Schwankende Formen sind besonders verdächtig.

2. Es muss in der Sprache, aus der es aufgenommen
sein soll, nachgewiesen werden, nicht nur als mögliche
Bildung, sondern als in der That vorhanden.

3. Die Wahrscheinlichkeit muss vorliegen, dass die beiden
Völker irgendwo zu einer Zeit, die älter ist als das Wort
in der aufnehmenden, jünger als das Wort in der Sprache,

aus der es aufgenommen sein soll, in Verkehr getreten
sind (resp. es müssen Mittelglieder vorhanden sein).

Die Wahrscheinlichkeit wächst:

4. je grösser mutmaasslich der Mangel an einem ent-
sprechenden Begriffsbilde in der aufnehmenden Sprache vorher gewesen.

5. je häufiger das Wort in der Sprache vorkommt, aus
der es entlehnt scheint.

6. je intensiver die Beziehungen beider Völker und je
grösser der Unterschied ihrer Kulturen.

Aus 3, 4 und 6 geht hervor, warum speziell die Handelsgeschichte viel mit Lehnwörtern zu schaffen hat; aus 4 erklärt sich auch, warum Handelsartikel fast durchgängig von
dem verkaufenden und nicht von dem kaufenden Volke benannt werden.

Die Entwickelung
des nordisch-baltischen Handels der Araber
hinsichtlich ihrer Faktoren.

Die kommerziellen Talente der Semiten, welche jedenfalls aus der realistischen Richtung ihres Charakters, die sich
in ganz anderer Form auch in der Poesie offenbart, zu erklären sind, hatten sich auch bei den Arabern bereits frühzeitig entfaltet. Waren es doch die Ismaeliter, die nach
Genesis 37 den Verkehr zwischen Kanaan und Aegypten
vermittelten. Die goldenen Schätze, welche die Hebräer
unter Gideon bei Besiegung der Midianiter erbeuteten (Richt. 8,
Vers 24 und 26) beweisen den Wohlstand jenes Araber-
stammes. Und der Nâbî*) Jechezqêl sagt von Tyrus (27, 21):

---

*) Die unglückliche griechische Uebersetzung dieses Wortes mit
Prophet' sollte man zu unterdrücken suchen, da sie bereits, über einen,

עֶרֶב וְכָל־נְשִׂיאֵי קֵדָר*) הֵמָּה סֹחֲרֵי יָדֵךְ

Auch bei den Römern erscheinen die Araber als die reichen; so sagt Horaz:

Icci, beatis nunc Arabum invides

Gazis . . . .

Die Güter waren wol, obgleich einzelne Teile der Halbinsel selbst kostbare Gewürze und Weihrauch produzirten, auf dem Handelswege erworben; ging doch über Arabien — wenigstens teilweise — der Waarenzug Indiens nach dem Abendlande. Der Verkehr mit diesem Lande in der djâhiliija geht auch aus einer alten einheimischen Dichterstelle (Ritters Erdkunde Bd. 12, pag. 90) hervor. Zur Charakteristik des altarabischen Handels könnte man noch bemerken, dass grosse Redlichkeit dabei nicht Regel gewesen zu sein scheint, da dem hebräischen mâkar ‚verkaufen' eine arabische Wurzel makar in der Bedeutung ‚betrügen' entspricht. Allerdings konnte der Bedeutungswechsel eben so gut gegen die Juden zeugen oder schliesslich: den Ursemiten zur Last fallen. Auch das Zeugnis, das Homer in dieser Hinsicht den stammverwandten Phönikern ausstellt, ist nicht schmeichelhaft.

In der ersten Hälfte des Mittelalters scheinen die Araber als Handelsvolk dieselbe Rolle gespielt zu haben, wie jene stammverwandte Nation im Altertum, abgesehen davon, dass die Entwickelung ihrer Nautik durch ʿOmars Gebot gehemmt war, überhaupt der Mittelmeerverkehr während dieser Periode, durch den Gegensatz zwischen Islâm und Christentum gelähmt, grösstenteils dem Piratenwesen Platz gemacht hatte. Wie sehr einst die kommerzielle Veranlagung des Orientalen die des Occidentalen in Schatten stellte, mögen wir aus der nicht unbedeutenden Zahl von Fremdwörtern in unserer Sprache abnehmen, die sich auf den Handel im Allgemeinen

---

grossen Teil unseres Kanons ganz irrige Ansichten verbreitend, viel Unheil gestiftet hat.

*) Sohn des Ismael Gen. 25, 13.

beziehen und aus dem Morgenlande stammen, wenn auch
nicht behauptet werden darf, dass dieser Uebergang bereits
so früh erfolgte; so z. B. ta'rîf, Bazar, Magazin*) (machzin
pl. machâzin von chazan recondidit in horreo, cella, aera-
rio) Scheune (schûna?) etc.**). Aus dem Spanischen liessen
sich die Beispiele noch bedeutend mehren: mitical (miṭqâl),
dinero (dînâr) u. s. w.

Aus den Zeiten der Entstehung des Islâm wird, mehrfach von den grossen Handelskarawanen, die, fernher zu
kommen scheinen, berichtet. Die 106. Sûre des Qorân aus
dem Beginn von Mohammeds Wirken, scheint ein Dankgebet
für die glückliche Rückkehr zweier grossen Karawanen nach
Mekka zu sein. Sehr charakteristisch ist Sûre, 61, Vers 10
und Sûre 62, 9—11, die man nicht zu vergleichen unterlasse.
Für die Ausbildung der neuen Lehre selbst war der Handel
von grosser Bedeutung, indem der Prophet, als Kameel-
treiber im Dienste der Chadîdja reisend, Gelegenheit hatte,
fremde Religionen kennen zu lernen und dadurch vielfache
Anregung zu späterer Wirksamkeit empfing. In noch reicherem
Maasse aber übte der Islâm wiederum auf die Ausdehnung

---

*) Wie es scheint, wanderte dies Wort über Spanien, siehe Dozy
und Engelmann 147, oder auch über Italien, da hier magazzino entspricht
**) Bei ‚Gram' hat man wol mit Unrecht an djerâm od. djurâm, hebr.
גרם gedacht. Kluges Erklärung aus dem lateinischen gronum ist wahrscheinlicher, zumal bei uns auch die Nebenform ‚Gran' vorkommt. Die
Wortgeschichte konnte ich allerdings nicht näher verfolgen. Im Allgemeinen sei bemerkt, dass Kluge den arabischen Einfluss bedeutend unter-
schätzt. Ich will nur einige Beispiele aus dem Buchstaben K anführen,
bei denen er die orientalische Etymologie garnicht erwähnt, obwohl sie
zweifellos vorhanden: Kabel (habl), Kamisol (qamîs), Karat (qîrât aus
griechisch keration. Spanisch quilate, portugiesisch quirate), Kattun (qutn,
qutun) Kater und Katze (qat, das Tier — als Haustier — war im
Altertum in Europa unbekannt, wie z. B aus einer Satyre des Horaz hervorgeht), Kuppel (qubba), Kürschner (kürći von kürk, türkisch: Pelz) etc.
Auch bei Kampfer hätte arabisch kâfûr mindestens genannt zu werden
verdient.

des Handels seinen Einfluss. Da nun jedoch unsere Kenntnis von einem arabisch - baltischen Handel zunächst auf den Münzfunden beruht und die ältesten vom Chalîfen ʿAbdelmalik geschlagenen Dirhems*) unter ihnen bereits vertreten sind, müssen wir vorerst untersuchen, ob Handelsbeziehungen schon vorher zwischen jenen Ländern und dem Orient bestanden. Die klassischen Münzfunde in unsern Gegenden beweisen es, wenn wir diesen Verkehr nicht mit Jules Oppert (L'ambre jaune chez les Assyriens. Paris. 1880), auf eine einzige dunkle*) Inschrift gestützt, bis in assyrische Zeiten hinaufdatiren können. Doch ist z. B. der nordische Pelzhandel***) schon im 6. Jahrhundert anscheinend auf denselben Strassen, auf welchen wir ihm bei den arabischen Geographen begegnen werden, durch den Gothen Jornandes bezeugt. Wird nun aber weiter gefragt, ob wir überhaupt berechtigt sind, dem Islâm eine so grosse Bedeutung hinsichtlich des Aufschwungs unseres Handels zuzuschreiben haben, oder ob sein Einfluss vielleicht garnicht über die Einführung der arabischen Münze hinausging, so müssen wir freilich hervorheben, dass eine Anzahl von Gründen dafür spricht, dass der Lehre des Propheten ein überaus grosser Anteil an diesem Verkehr gebührt, ja, dass sie die eigentliche Schöpferin desselben genannt werden kann. Abgesehen von der Intensität hat sie auch auf die Wege des Handels

---

*) Vorher hatten die Araber nur eigene Gold- und Kupfermünzen, die nicht nach dem Norden gewandert sind; doch bediente man sich, wie aus einer alten Erzählung bei Maqrîzî hervorgeht, nach wie vor des griechischen Silbergeldes. Dieses war bereits dem Dichter ʿAntara bekannt, so dass man, wenn dieses sonst nicht unwahrscheinlich wäre, in den älteren byzantinischen Münzfunden schon Belege für einen arabischbaltischen Verkehr in der djâhilîja erblicken könnte.

**) Herrn Dr. Jensen in Berlin ist es mittlerweile gelungen, dieses Dunkel zu zerstreuen.

***) Siehe darüber Saweljew in Ermans Archiv VI, pag. 94.

ihren Einfluss ausgeübt; der Wolgastrom, welcher den alt-
griechischen Krämern kaum dem Namen nach bekannt war, wird
jetzt die Hauptverkehrsader und damit der Schauplatz des Handels weiter gen Aufgang gerückt, während vorher hier im Osten
der Waarenvertrieb unbedeutend gewesen zu sein scheint,
Saweljew versichert*), dass Sasanidenmünzen in Russland
nicht vorkommen; ihm folgt Herr v. Tiesenhausen. Doch glaubt
Staatsrat v. Kunik an deren Vorkommen, namentlich im
Gouvernement Perm, und Teplouchoff erwähnt solche vom
Ural; Archiv für Anthropologie XII, S. 231. Betrachten
wir nun die Gründe für die Steigerung der Intensität des
Verkehrs. Nachdem das Römervolk es unternommen, nach
den starren Formen seiner Individualität die Welt zu
modeln, bis endlich von Hadrian ab die Kaesaren, sich über
diesen beschränkt - einseitigen Standpunkt erhebend, allen
Teilen des Imperiums gerecht zu werden anfingen, schwindet
mit der Idee des Reichs auch deren äussere Erscheinung
dahin. Die frischen Kräfte, welche darauf der germanische
Nord über die moralisch und geistig verkommene antike
Welt als Herrscher ausgesandt, scheinen aus dem entgegen-
gesetzten Grunde, weil sie zu wenig Zähigkeit in Wahrung
ihrer Eigenart besessen, gerade vom Hauche des Todes mit-
hinweggerafft, anstatt dem kranken Körper neue Lebenskraft
zu spenden, als die rührigen, durch die neue Religion auch
ethisch gekräftigten Söhne der Wüste auf der welthistorischen
Bühne erscheinen, mit zwei engverbundenen Eigenschaften
ausgestattet, die dem idealistischen Germanentum gefehlt:
mit semitischer Zähigkeit und semitischem Realismus. Daher ging das Araberthum nicht in der Art der unterjochten
Völker unter, sondern blieb unzersplittert, diese arabisirend.
Die Folge davon war: eine Weltsprache von Indien bis zu
den Pyrenäen. Aber diese Weltsprache beruhte auf dem

---

*) Ermans Archiv, VI pag. 438.

Weltreich und dieses auf der Weltreligion. Alle drei waren mächtige Faktoren zur Förderung des Handels.*) So hatte in unglaublich kurzer Zeit der Islâm nicht nur die lästigen Partikularzölle beseitigt, sondern alle Schranken, die so zahlreich den Verkehr der Nichtkulturvölker und teilweise noch der Kulturvölker hemmen, über den Haufen geworfen, eine That, zu der in dieser Hinsicht die Errichtung des deutschen Reiches nach den Kriegen 1866 und 1870/71 nur eine schwache Analogie liefert.**) Weit wichtiger aber war, wie wir oben bereits angedeutet haben, der für den Handel so überaus günstig disponirte Charakter der Semiten, welcher ohne seine Eigenart vollständig zu verlieren wie das Germanentum, doch eine hohe Assimilirungsfähigkeit besass, die dem Römertum gefehlt, so dass, wie wir ähnliches bei den Phönikern und Juden beobachten können, einerseits der Nationalverband nicht gelockert wird, während sie andererseits auch den fremden Völkern, unter denen sie leben, keineswegs als Fremdlinge gegenüberstehen. So haben die Semiten das Problem der Völkerverknüpfung auf die vollkommenste Weise gelöst, und auf dieser Vermittlerrolle beruht ihre welthistorische Bedeutung.

Zugleich aber entwickelten die Eroberungszüge der Araber in ihnen immer mehr einen unruhigen Unternehmungsgeist, der auch noch, als ihrem stolzen Siegeslauf feste Schranken gezogen wurden, über dieselben hinauszudringen strebte. Dabei wuchsen durch den Tribut bezwungener Völker, welcher von allen Seiten nach der Hauptstadt strömte, die Bedürfnisse. Nicht wenig mag auch der Glanz orientalischer Herrscherpracht, mit dem die Chalîfen von Jahrzehnt zu Jahrzehnt

---

*) Sehr treffend wird daher die Eroberung der einzelnen Länder durch fatah ‚erschliessen' ausgedrückt.

**) Weil die Völker, welcher der Islâm einigte, sich bei weitem nicht so nahe standen, wie die deutschen Stämme.

immer verschwenderischer ihren Thron umgaben,*) zur Ver-
allgemeinerung des Luxus und Ausbreitung des Handels beigetragen haben. Auch erleichterten die durch das Wüsten-
leben entwickelte Gastlichkeit**) des plötzlich über die weite
Erde verbreiteten Volkes, welche seine Dichter preisen und
vor allem die fromme Pflicht des ḥadjdj den Verkehr in
ausserordentlichem Maasse. Denn, wer einmal den Boden
seiner Heimat verlassen und ein solches Unternehmen, wie
die mekkanische Pilgerfahrt beispielsweise für den Spanier
war, glücklich bestanden, wozu ihn vielleicht nur die Furcht
für sein Seelenheil bewegen konnte, entschloss sich leicht zu
anderen Expeditionen. Die Sicherheit der reisenden Kaufleute aber wurde durch zahlreiche Begleiter, die demselben
Ziele zustrebten, garantirt und ausserdem war ein reicher
Absatz durch die ungeheuren Fremdenmassen, welche zur
bestimmten Zeit an den Wallfahrtsorten zusammenströmten,
gesichert,***) von denen wol jeder gern sich ein Andenken an
die heiligen Städte und ihre Pracht mitnahm, die er voraus-
sichtlich nie wieder im Leben schauen sollte. Der Prophet,
welcher in so wunderbarer Weise überall den Anlagen seines
Volkes freien Spielraum zu schaffen verstanden, hatte ihnen
nämlich ausdrücklich gestattet, auf der Pilgerfahrt Handelsgeschäfte zu besorgen (Sûre II). Seine Nachfolger bauten
treu an seinem Werke. Kaum war die Eroberung des ara-

---

*) Die älteren Chalifen sehen wir auf ihren Münzen noch als ein-
fache Beduinen gekleidet.

**) Wie die Beduinen dem Reisenden in jeder Weise behülflich zu
sein für ihre Pflicht hielten, ersehen wir am besten aus Al-Hâdira,
welcher sagt, dass er oft dem Wegemüden, der sein ermattetes Kameel
mit dem Ruf daʿdaʿ antrieb, ein frisches Ersatztier gestellt u. s. w. Die
Wirklichkeit mag allerdings nicht ganz dem entsprochen haben, was der
Dichter von sich rühmt, wie denn auch die Tapferkeit, welche die Beduinen wie kaum eine andere Tugend in ihren Liedern an sich preisen,
sehr problematisch ist.

***) Man denke an die Entstehungsgeschichte unseres Worts ‚Messe‘.

bischen Irâq gesichert, a ls Baṣra am Zusammenfluss des
Euphrat und Tigris gegründet wurde, eine überaus günstig
gelegene Handelsmetropole. Schon unter 'Omar wurde
zwischen Fusṭâṭ und dem roten Meere ein alter Kanal wieder
schiffbar gemacht.*) Später folgten die grossartigen Neu-
gründungen im Euphrat- und Tigrisgebiet. So erlangten die
uralten Handelsstrassen, welche von Indien nach dem Reich
des Krösus und dem Pontus führten, wieder neue Bedeutung,
namentlich als der Schwerpunkt des Reichs durch die Abbâsiden von Damaskus nach Mesopotamien verlegt war und sich
am Tigris ihr herrliches Baġdâd erhob.**) Wâthiq schaffte,
jedenfalls um den Seehandel zu heben, den Zehnten ab, der
bis dahin von den Schiffen erhoben wurde. Freilich könnte
man aus dieser Thatsache ebensogut einen Vorwurf gegen
seine Vorgänger schmieden, indem dieser Zehent enorm erscheint, wenn man bedenkt, dass heute in Persien einheimische
Kaufleute einen Einfuhr- und Ausfuhrzoll von nur $3\,^0/_0$,
Europäer von $5\,^0/_0$ zu entrichten haben, faktisch aber diese
Zölle durch die Konkurrenz der Zollpächter meist noch
heruntergeschraubt werden (vergl. Stolze und Andreas). Überhaupt gewinnt man den Eindruck, dass die hohen Steuern
im Chalifenreich den Handel sehr geschädigt haben müssen.
Schon die Waaren wurden während des Industrieweges merk-
lich durch sie verteuert. So verlangte der Staat von dem
Ertrag der Bergwerke $20\,^0/_0$, besteuerte die Fabriken und den
Luxus, trieb für Errichtung von Kaufbuden und öffentlichen
Plätzen damals Abgaben so gut wie heute ein (Kremer I,
pag. 278) u. s. w. Doch verstand man es wol auch damals

---

*) Überhaupt haben sich die Araber um die Kanalisation grosse
Verdienste erworben. Über einen Kanal, durch welchen Euphrat und
Tigris für die Schiffahrt verbunden wurden, siehe v. Kremer, Kultur-
geschichte des Orients unter den Chalifen. I S. 274.
**) Hièraus erklärt sich, dass Abbâsidenmünzen bei uns häufiger
sind, als Umeijaden.

ebensogut wie heute im Orient sich übermässigen Abgaben zu entziehen. Ferner konnten, da das Chalifenreich nur in den allerseltensten Fällen hinsichtlich des Produzirens und Konsumirens Konkurrenz von aussen zu befürchten hatte, die Waaren durch solche Abgaben wol erheblich verteuert, Industrie und Handel aber kaum vollständig ruinirt werden. Schliesslich verwandte der Staat von diesen Einkünften in jenen Tagen jedenfalls einen grösseren Teil zum Bau von Strassen, Brücken, Kanälen als heute der Fall ist, woraus der Handel wiederum erheblichen Vorteil zog.

Zwar reizten nun die Araber mehr die Schätze des fernsten Ostens und Afrikas, so dass er dort bis zu Chinas äusserster Küste, hier bis zum Lande der Kâfirn (= Kaffern d. h. Ungläubige) vordrang, ja gelegentlich Afrika umschiffte; doch wie weit auch über die rauhen Steppen Nordeuropas sein Einfluss reichte, zeigen die aus Island*) und bei den Samojeden**) zu Tage geförderten arabischen Münzen, die orientalische Wage, die man in Lappland fand,***) sowie die Metallplatte mit kufischen Charakteren†), welche die Ostiaken am Ob im Norden Sibiriens als Heiligtum verehrten. Und wie lebhaft der Handel blühte, dafür sei aus tausenden††) von Münzfunden nur der eine als Beleg hervorgehoben, den Baron v. Tiesenhausen im dritten Bande der Wiener Numism. Zeitschrift S. 166 u. f. bespricht. Dieser wurde bei der Stadt Murom im Gouverrement Wladimir gemacht und bestand aus

---

*) Pfarrer Thorstein zu Helgeson in dem Rapport des séances annuelles de la société royale des antiquaires du nord de 1838 et 1839.

**) Strahlenberg, das Nord- und östliche Teil von Europa und Asia. Stockholm 1730. Bei Besprechung der Funde werden wir an allen diesen Berichten Kritik üben.

***) Lagus, numi cufici aliaque orientis monumenta vetera in Finnlandia reperta.

†) Strahlenberg nebst Abbildung.

††) 1857 hatte Tornberg allein in Schweden bereits 169 Örtlichkeiten konstatirt, an denen arabisches Geld ausgegraben ist.

11 077 Exemplaren, darunter befanden sich 10 079 Sama-
nidendirhems und 140 Chalîfenmünzen. Prof. A. Müller hat
daher gewiss nicht zu hoch gegriffen, wenn er die Gesamt-
zahl der bei uns gefundenen und bekannt gewordenen Münzen auf eine Zehntel Million taxirt. Nur darf man dabei
nicht übersehen, dass dieselbe verschwindend klein sein mag, im
Vergleich zu der Summe solcher Schätze, welche teils schon
sehr früh gehoben sind, teils noch der Auferstehung harren,
teils in der Neuzeit zwar zu Tage gefördert, aber verheimlicht
wurden. Liest man doch überaus häufig von Funden, welche
sofort von den Findern eingeschmolzen wurden. Wie oft
mag nun dieses geschehen, ohne dass nur irgendwelche Kunde
den Gelehrten zu Ohren kommt, da es natürlich ist, dass
arme Leute, welche plötzlich einen Schatz finden, in den
weitaus meisten Fällen zu diesem einzigen Mittel greifen,
durch welches sie Aussicht gewinnen, denselben in ihrem
Interesse verwerten zu können. Ethische Bedenken dürften
dabei zu den grössten Seltenheiten gehören, zumal die Landbevölkerung im Gegenteil es stets als ein grosses Unrecht
anzusehen pflegt, wenn ihr dergleichen Funde, die sie gemacht und die doch keinen Eigentümer mehr haben, von
einem dritten abverlangt werden. Aus Frähns topographischer
Übersicht zitire ich folgende Mitteilung des Staatsrat v. Reichel:
„Im Jahre 1809 oder 1810 fand ein Fischerbauer . . . .
am Ufer des Ladoga-Sees . . . einen Baum, an den er gewöhnlich seinen Kahn anzubinden pflegte, vom Sturm um-
gerissen. Beschäftigt sein Fahrzeug an die zurückgebliebene
Wurzel zu befestigen, ward er gewahr, dass die Erde unter
derselben von den Wellen tief aufgewühlt und weggeschwemmt
war, und bald bot eine Menge Silbermünzen sich seinen er-
staunten Blicken dar. Bei näherer Untersuchung ergab sich,
dass ein ganzes Fass mit Münzen dort vergraben und als
Kennzeichen ein Baum darauf gepflanzt war. Zweimal hatte
der Bauer landen müssen, um den Schatz in sein Dorf zu

entführen, wo bald von demselben verlautete und Rekla-
mationen von seiten der Landpolizei und der Gutsbesitzerin
erfolgten. Mit sieben Pud*) wurden diese befriedigt. Der
Bauer muss jedoch noch ein Beträchtliches für sich behalten
haben; denn nach einigen Jahren erkaufte er sich und seiner
Familie die Freiheit und zog nach Tischwin, wo er Besitzer
eines Hauses ward und einen kleinen Handel anlegte. Der
Fund bestand, heisst es, grösstenteils aus kufischen Münzen.
Er wanderte leider in den Schmelztiegel.'

Man wird demnach hoffentlich meine Taxe nicht zu
hoch gegriffen erachten, wenn ich behaupte, dass die Gesamt-
summe der nach dem Norden gewanderten arabischen Münzen
sich auf Millionen belaufen haben mag.

Dass gerade der (pontisch-)kaspische Handel diesen
Aufschwung nahm, wird teilweisse auf die zerissenen Beziehungen zwischen Ägypten und Syrien einerseits und Byzanz
andrerseits zurückzuführen sein; diese Absperrung Afrikas
von dem Verkehr mit Griechenland, welche auch den Niedergang Karthagos und Alexandrias zu gunsten von Tunis und
Kairo zur Folge hatte, war bewusste Politik ʿOmars; ihr
Zweck: die leichtere Arabisirung der ehemals griechischen
Provinzen; die Hinterländer des oströmischen Reiches mussten
sich nun die Güter des Morgenlands, deren sie nicht entraten konnten, auf anderen Wegen zu verschaffen suchen.
Doch wurde der Verfall des Mittelmeerverkehrs nicht nur
durch die Politik des grossen Chalifen, sondern auch durch
den kurzsichtigen Fanatismus der Christenheit herbeigeführt.
Bei Tafel & Thomas begegnen wir S. 3 folgender der Chronik
des Andreas Dandolo entlehnten Verordnung aus den Jahren
814—20:

‚Hoc tempore, cum contigisset, loca sancta, quae erant
Hierosolymis profanari, Leo**) cum filio, imperatores augusti,

---

*) 1 Pud =16,38 Kgr.
**) d. i. Leo der Armenier.

edictum proposuerunt, ne quis in Syriam et Aegyptum acce-
dere auderet; quod catholici Duces Venetiarum approbantes
subditis suis pariter inhibuerunt.'*)

Die Päpste haben ähnliche Verbote erlassen. Solche
Gesinnung führte dazu, dass die Araber, während sie z. B.
mit China lebhaften Seehandel betrieben, die Länder der
Christen nicht als Kaufleute, sondern als Piraten besuchten;
und wir müssen eingestehen, dass der Buddhismus damals
ein würdigerer Vertreter der Toleranz gewesen ist als seine
Schwesterreligion. Dazu kommen andere Dekrete, die, wie
man auch sonst über ihre Berechtigung denken mag, den
Handel jedenfalls nicht gefördert haben. So beschlossen
971 die Venetianer, gleichfalls auf das Drängen der Byzantiner hin, auf deren Reich sich damals ihr östlicher Handel
der Hauptsache nach beschränkt haben mag, die Waffen-
ausfuhr nach den Ländern der Sarazenen zu untersagen.
Man darf freilich nicht übersehen, dass solche Verbote bezeugen, dass der Handelsverkehr mit den Arabern thatsäch-
lich bestand, wie aus dem Jahre 991 freundschaftliche Gesandtschaften der Venetianer an alle Höfe der Sarazenen
(wie es heisst) erwähnt werden. Doch beruhte Venedigs
Reichtum nicht auf dem Ertrage desselben; es konnte ihm
entsagen. Dem Sklavenhandel wird um diese Zeit von der
Lagunenstadt mehrmals entgegengetreten. Anders wurde
es durch die Kreuzzüge. Wie sehr bei ihnen kommerzielle
Interessen ins Spiel kamen, lässt sich, abgesehen von mehreren Handlungen der Kreuzfahrer, schon daraus folgern, dass
sie eine wesentlich normannische Unternehmung (eine sowohl
von den nordfranzösischen wie unteritalienischen Normannen
ausgehende Bewegung) waren, die Fortsetzung jener Wander-
fahrten dieses Volkes vom hohen Nord bis nach Sicilien.

---

*) Über die sehr freundschaftlichen Beziehungen Venedigs zu den
byzantinischen Kaisern vergl. man Heyd.

Abschnitt I.

Die Münzfunde.

Quellen.

*O. G. Tychsen. Von dem in den Gegenden des baltischen Meeres so häufigen altem arabischen Silbergelde. Repert. für bibl. und morgenl. Litteratur. Teil VI. Leipzig 1780.

v. Bohlen. Über den wissenschaftlichen Wert und die Bedeutsamkeit der in den Ostseeländern vorkommenden arab. Münzen. Im Vaterl. Archiv oder preuss. Provinzialblättern. Königsberg 1835. Bd. XIV. pag. 313—28, 427—42. (Populär-wissenschaftlich).

v. Ledebur. Über die in den baltischen Ländern in der Erde gefundenen Zeugnisse des Handelsverkehrs mit dem Orient zur Zeit der arab. Weltherrschaft. Berlin 1840 (vorwiegend Fundberichte) mit einer Fundkarte.

v. Minutoli. Über einige im hohen Norden unseres europäischen Festlandes aufgefundene griechische, römische und morgenländische Kunstprodukte. Lüddes Zeitschr. für vergl. Erdkunde. Bd. I. Magdeburg 1842, und

v. Minutoli. Topographische Übersicht der Ausgrabungen griechischer, römischer, arabischer und anderer Münzen und Kunstgegenstände, wie solche zu verschiedenen Zeiten in den Küstenländern des baltischen Meeres statt gehabt; zugleich als Andeutung über den Handelsverkehr der nordischen und morgenländischen Völker. Berlin 1843. (Compilatorisch).

Karabacek. Spanisch - arabisch - deutsche Nachprägungen für Polen. Wiener Numism, Zeitschr. Bd. I pag. 135 u. f. (Fortsetzung sollte folgen, ist aber meines Wissens bisher nicht erschienen).

A. Müller. (Professor der orientalischen Sprache zu Königsberg, früher Halle). Arabische Münzen in den baltischen Küstenländern. Königsberg 1885. Abdruck aus den Sitzungsberichten der Altertumsgesellschaft Prussia. (Kurze Zusammenfassung der Hauptergebnisse).

Eine Sammlung derjenigen Litteratur, welche Fundberichte in nur lokalem Interesse zusammengestellt hat, findet man im nächsten Kapitel bei den einzelnen Ländern.

Kapitel I.

Verbreitung der Münzfunde.

a. Deutschland.

Obwohl wir Nachrichten besitzen, dass schon im Jahre 1654 bei Wollin (Pommern) eine grosse Menge kufischer Münzen ausgepflügt wurde und falls die Funde vom Hagelsberge in unmittelbarer Nähe Danzigs, von denen Caspar Schütz in seiner rerum Prussic. historia*) berichtet, arabische Dirhems enthielten (was allerdings zweifelhaft) Notizen ähnlicher Art sogar schon aus dem 16. Jahrhundert vorhanden, sind, sollte doch erst ein am 2. Juli 1722 durch Fischer aus Stegen auf der Danziger Nehrung gemachter Fund von 17 Dirhems, die unweit des Strandes im Sande lagen, die Aufmerksamkeit der Gelehrten erregen. Er gelangte nämlich nach Leipzig und wurde 1724 von Kehr beschrieben unter dem Titel:

Monarchiae Asiatico-Saracenae status, qualis VIII et IX p. Chr. n. seculo fuit, ex nummis argenteis priscis Arabum scriptura Kufica a monarchis Arabicis Al-Mansor, Harun Raschid, Al-Mamon aliisque in metropolibus Chaldaeae, Persiae Transoxaniaeque cusis et nuper in littore maris Balthici prope Gedanum effossis illustratus.

Kehr konnte sich mit der Annahme zufrieden geben, dass die Münzen durch einen Ritter des deutschen Ordens nach Preussen gekommen seien, wobei es allerdings befremden musste, dass nicht auch jüngere Exemplare vertreten waren. Der Ritter hätte immerhin, selbst wenn er noch zu der von Hermann von Salza entsandten Schaar gehörte, ein

---

*) Danziger Ausg. 1769, pag. 18: Numismata quoque superioribus annis per homines ea loca curiosius rimantes non unius generis inventa sunt, sed ignota plane et variis characteribus et litteris insignita.

Münzsammler sein müssen, um in den Besitz 300jährigen
Geldes zu gelangen. Bald mehrten sich nun die Funde in
so bedeutendem Maasse, dass man genötigt war von einer
Zufälligkeit abzusehen und den Grund in grösseren histo-
rischen oder kulturhistorischen Beziehungen der Ostseegestade
zum Morgenlande zu suchen. O. G. Tychsen in Rostock war
der erste, welcher in seiner noch heute lesenswerten Arbeit
‚Von dem in den Gegenden des baltischen Meeres so häufigen arabischen Silbergelde'*) zum ersten Male rückhaltslos**)
die nunmehr herrschend gewordene Ansicht vertrat, die Münzen
könnten nur durch Handelsbeziehungen und zwar über Russland zu uns gelangt sein.***) Als Verbreitungsgebiet weiss
er bereits Mecklenburg, Pommern, Preussen, Schweden,
Holstein, Jütland, Bornholm etc. anzugeben. Eine vollständige Zusammenstellung sämmtlicher Funde zu veranstalten,
liegt nicht in meiner Absicht, da die Nachrichten zum Teil
weit in Lokalzeitschriften, selbst Zeitungen verstreut sind
und Altertumssammlungen von Provinzialstädten und Privat-
personen mit meist sehr unzuverlässigen Angaben über die
Auffindung durchsucht und geprüft werden müssten; unvoll-
ständiges zu geben wäre allerdings wegen der vielen Vor-

---

*) In erster Ausgabe: Von den arabischen Altertümern in Mecklen-
burg und ihrem Entstehen. In den gelehrten Beiträgen zu den Mecklen-
burg-Schwerinschen Nachrichten. Jahrgang 1779. Stück 40—42.

**) Vor ihm vielleicht Aurivillius.

***) Die Gründe dafür, die wir heutzutage anführen können, sind
namentlich folgende:

1. Die grossen Massen, in denen die Münzen auftreten, sowie die
weite und dabei continuirliche Ausdehnung ihres Fundgebietes.

2. Dass sie vorzugsweise an natürlichen Handelsstrassen (Flüssen)
und an kommerziell wichtigen Punkten (z. B. Gotland) gefunden werden.
Sehr instruktiv veranschaulicht dies die Karte bei Ledebur.

3. Dass sie häufig zerbrochen sind. (Davon weiter unten).

4. Negative Gründe, die man bei Tychsen findet.

arbeiten leicht, aber zwecklos. Ich beschränke mich daher
auf eine Sammlung von Litteraturangaben nebst einigen gelegentlichen Mitteilungen und Nachträgen, welche wenigstens
einen Überblick über das Verbreitungsgebiet gestattet. In
bezug auf Gegenden, deren Funde schlecht bezeugt, habe ich
hierin Vollständigkeit erstrebt, während ich da, wo sie alltäglich sind, auf Einzelbesprechungen ohne wissenschaftlichen
Wert nicht weiter verwiesen habe.

Ost- und Westpreussen.

Minutoli, Topogr. Übersicht*) pag. 35—40. Ich habe
folgendes zu moniren und nachzutragen;

Wenn der Verfasser S. 38. Anm. Herrn v. Bohlen eines
Irrtums zeiht, indem er behauptet, dass Lilienthal (in der
Königsberger wöchentl. Anzeiger vom Jahre 1741 und in
dem erläuterten Preussen V) keine orientalischen Münzfunde
behandle, so ist mir zweifelhaft, ob er Recht hat.**) Im
vierten Teile des erläuterten Preussen erschien nämlich S.
832—43 eine Abhandlung Lilienthals ‚Von fremden Münz-
sorten, insbesondere einiger arabischen Münzen, so in Preussen gefunden worden'. Ferner scheint Herr von Minutoli
folgendes Buch nicht gekannt zu haben, das allerdings rar
und selbst auf der königlichen Bibliothek zu Berlin nicht
vorhanden ist:

Theod. Christoph Lilienthals kurze historische Beschreibung und kritische Beurteilung einiger griechischen,
römischen und arabischen Münzen, welche in Preussen gefunden worden sind. Königsberg 1791. 8.***)

---

*) Dieses Werk den Nachträgen zu Grunde zu legen empfiehlt sich
daher, weil es jünger als Ledebur ist und diesen benutzt hat.

**) Ich kann nämlich leider die Stelle bei Bohlen hier nicht ver-
gleichen.

***) Von dieser älteren Litteratur findet man eine reichhaltige Samm-

Sodann mögen an dieser Stelle die Arbeiten des Königsberger Orientalisten Nesselmann, die Minutoli noch nicht verwerten konnte, zusammengestellt werden:

1. Nesselmann. Ein Münzfund bei Putzig. Königsberg 1853. Die Abhandlung erschien zuerst in den neuen
preussischen Provinzialblättern und dann als Separatabdruck.
Der Fund bestand aus 33 Exemplaren.

2. Nesselmann. Die orientalischen Münzen des aka-
demischen Münzkabinets zu Königsberg. Leipzig 1858. Ausser
schon bekannten wird hier ein Fund aus Wartenburg (Kreis
Allenstein) behandelt: 336 Dirhems vom Jahre 124—213 der
Flucht. Übrigens hatte der Verfasser denselben auch bereits vorher in den neuen preussischen Provinzialblättern besprochen.

3. In der Z. D. M. G. Bd. XII publizirt Nesselmann im
selben Jahre 10 bei Preussisch - Eylau in der Nähe eines
Skelettes aufgefundene Münzen. Wenn er jedoch meint, der
Verstorbene habe das Geld in der Tasche gehabt, so ist das
wol zu modern gedacht; eher könnte es dem Toten nach
altem Brauch mit auf die Reise ins Jenseits gegeben sein.

4. Der von Nesselmann im 20. Bande der Z. D. M.
G. 1866 besprochene Fund von Pr.-Holland ist deshalb von
hohem Interesse, weil er nur Bruchstücke enthielt.

Ein Fund von 21 Exemplaren, der vor längerer Zeit
bei Oliva gemacht wurde und in den Besitz des städtischen
Münzkabinets gelangte, ist weder von Minutoli noch von
Nesselmann berücksichtigt worden, sowie die späteren, dem
Provinzialmuseum gehörigen Funde von St. Albrecht und
Uscz (von letzterem Ort wiederum 2 Funde.)*)

---

lung bei Eichhorn im Nachtrag zu Reiskes Briefen über das arabische
Münzwesen. (Repert. für bibl. und morgenl. Litteratur. Siebzehnter
Teil. Leipzig 1785).

*) Dieselben sind, so weit es möglich war, von mir bestimmt und
katalogisirt worden. Ein Einzelfund von Oliva in meinem Privatbesitz:
Isma'il B. Aḥmed. Schâsch. 293 (905/6).

In Königsberg hat neuerdings wieder Nesselmanns Nachfolger, Prof. A. Müller, der Sache seine Aufmerksamkeit ge-
schenkt und in den Schriften der Altertums - Gesellschaft
Prussia einen Aufsatz, betitelt ,Arabische Münzen in den
baltischen Küstenländern' veröffentlicht, in dessen Einleitung
noch auf eine Mitteilung des Prof. Bender (Altpr. Mschr. X,
372 ff) und auf einen Vortrag des Dr. Rödiger gelegentlich
des Fundes von Schönsee hingewiesen wird; von letzterem
ein Auszug: Altpr. Mschr. XX, 166 ff.

Pommern

ist sehr reich an arabischen Münzen, namentlich die Insel
Wollin, auf welcher die alte Handelsstadt Julinum, das Jums-
berg der Isländer lag.

Ledebur gedenkt S. 59 einer Beschreibung des Fundes
von Belkow, die Tychsen der Akademie zu Berlin übersandt
haben soll. Man schien über den Verbleib dieses Manus-
kriptes, das meines Wissens nie gedruckt wurde, im Un-
klaren. Dasselbe existirt aber noch wohlerhalten, wie ich
zufällig entdeckte, in der Bibliothek des königlichen Münzkabinets zu Berlin.

Minutolis Zusammenstellungen vermag ich durch folgende Angaben späterer Litteratur zu vervollständigen:

Professor Ermann handelte in von Sallets Zeitschrift
Bd. 7 über einen Fund von Canitz bei Regenwalde, der aus
einem Gefäss mit 140 arabischen Münzen bestand, das unter
einem grossen Stein entdeckt wurde und

Friedländer & Stern. Der Münzfund von Trebenow.
Z. D. M. G. Bd. 30. 1876.

Privatim erfahre ich ausserdem von einem auf dem Gute
Witznitz unlängst gemachten Funde, der in den Besitz des
Pommerschen Museums zu Stettin gelangt sein soll.

Mecklenburg

dürfte Pommern an Münzfunden nicht erheblich nachstehen.

Schleswig-Holstein

dagegen ist arm an solchen. Minutoli teilt S. 26 mit:

‚Im Jahre 1712 fand man in einem Grabhügel vor Schleswig m e h r e r e arabische Münzen (Niedersächsische Nachrichten 17 u. 31. S. 612), die im ehemaligen Guttorpschen Raritäten-Kabinet aufbewahrt wurden.'

Demnach scheint:

Henrici Scholz descriptio numi Saraceni an. 1712 in agro Slesvicensi detecti; Nova Acta Eruditorum. Lipsiae 1732. Breitkopf. pag. 415—425

über einen andern Fund zu handeln, der dem Verfasser entgangen sein dürfte, zumal er dieser Schrift nirgends Erwähnung thut.

Die Mark Brandenburg

liefert n ,r noch in ihrer nördlichen Hälfte kufische Münzfunde, womit keineswegs behauptet werden soll, dass sich nicht gelegentlich auch einmal einer nach der südlichen verirrt haben könnte. Der südlichste Punkt war bis jetzt Frankfurt an der Oder (1769); doch werden wir später sehen, dass dieses nicht mehr wie zu Ledeburs und Frähns Zeiten als der südlichste Punkt des Verbreitungsgebietes der arabischen Münzen überhaupt angesehen werden kann. Auch in den westlichen Teilen der Mark hören die Funde bereits auf.

Posen.

Hier weiss Minutoli pag. 40 bereits keinen einzigen sicher bezeugten Fund mehr anzugeben. Die Verkehrsstrasse von Süden bildete eben (abgesehen von der Düna) die Weichsel, ging also durch (russ.) Polen. Die Oder hingegen scheint von den Kaufleuten, welche das arabische Geld zu uns brachten,

nur von der Mündung bis etwa nach Frankfurt befahren
zu sein.

Sachsen.

Über einen ansehnlichen Fund aus der sächsischen Ober-
lausitz unweit Bautzen hat Herr Geheimrat Fleischer im
34. Bande der Z. D. M. G. 1880, S. 176 u. f. gehandelt.

Süd-Deutschland

hat bis jetzt mit Ausnahme etwa Schlesiens (ein dort gemachter Fund wurde, wie ich mich erinnere, in einer Bres-
lauer Zeitung Winter 1883/84 besprochen; doch weiss ich
nicht, ob er aus einer Gegend stammte, die man zu Süd-
Deutschland rechnen könnte) keine kufischen Münzfunde aufzuweisen; wenigstens sind meine Bemühungen, dort dergleichen
zu konstatiren, erfolglos geblieben. Auch versicherte der
Numismatiker Gebert, dass, obwol alle in Baiern und Württem-
berg gemachten Münzfunde durch seine Hand gingen, er
niemals arabische erhalten habe. Dennoch müssen sie, obwohl nur in geringer Anzahl, bis dorthin gelangt sein, wie
der eine Schweizer Fund und der in Qazwînîs Denkmäler der
Länder (Zone 6) enthaltene interessante Artikel über مَعَالِجَة
Mainz bezeugen, wovon weiter unten die Rede sein wird. Ähnliches werden wir bei der Verbreitung nach Osten zu konstatiren
haben, die im Allgemeinen mit Skandinavien abschliesst, während vereinzelte Ausläufer nach England und sogar Island hin-
überreichen. Beachtenswert ist hier schon der Umstand, dass
arabisches Geld für gewöhnlich dort nicht mehr vorkommt,
wo zur Zeit seiner Verbreitung bereits einheimische Münzen
bestanden. Vielleicht lässt sich dieselbe Erscheinung aber
auch auf einen anderen Grund zurückführen. Es scheint
nämlich, als hätten sich die Länder, welche zur Zeit der
Entwickelung des Handels bereits eine christliche Bevölkerung
besassen, ablehnend gegen das muhammedanische Geld ver-

halten. Ferner sei noch auf 2 Punkte hingewiesen, bevor wir von Deutschland scheiden:

I. Dass ebenso wie in Russland das Fundgebiet in der Nähe der grossen Ströme und ausserdem an der Meeresküste am ergiebigsten ist.

II. Dass die vielfach aufgestellte Vermutung, die Gesandtschaften zwischen Karl dem Grossen und Hârûn ar-Raschîd hätten an der Begründung des Verkehrs einen grossen Anteil,*) schon durch die Ausdehnung des Fundgebietes widerlegt wird. Man findet nämlich, um es kurz zu sagen, fast überall in Europa kufische Münzen, nur nicht im Reiche Karls des Grossen.

b. Schweiz.

Aus der Schweiz lassen sich nur zwei Münzfunde nachweisen, die aber vielleicht gar nicht durch den Handel dorthin gelangten. Der Münzfund von Steckborn bestand aus 30 arabisch-afrikanischen Münzen, welche dem letzten Viertel des achten Jahrhunderts angehörten. Eine einzige rührte von Idrîs her, dem Begründer der nach ihm benannten Dynastie; die anderen waren in der weiter nach Osten gelegenen Provinz Afrika geschlagen, so dass man wol einen etwa durch Marseille vermittelten Verkehr annehmen muss, welcher nicht durch Spanien ging. Doch könnte man ihn auch mit Ferd. Keller auf die während des 10. Jahrhunderts in der Schweiz hausenden Araber zurückführen,**) welche allerdings aus

---

*) Man meinte sogar, dass der grosse Frankenkaiser bei der Auswahl seiner Geschenke an den Chalifen sein Augenmerk auf Erweiterung des Absatzgebietes fränkischer Industrieprodukte im Morgenland gerichtet habe.

**) Arabische Abenteurer landeten nach Liudprands Bericht (Antapodosis lib. I) 891 in der Provence, wo sie festen Fuss fassten und durch Nachschub aus der Heimat verstärkt 906 den Mont Cénis überschritten. Sie plünderten weit und breit, namentlich die reichen Klöster und trieben Menschenraub zum Sklaven- und Sklavinnenhandel. (Obwohl

Spanien gekommen sein sollen, aber — wenn es wirklich, wie die christlichen Berichte sie schildern, Piraten waren — noch an der afrikanischen Küste geplündert haben mögen. Frähn und Soret haben hier an Normannen gedacht. deren Anwesenheit in der Schweiz, obwol sie nicht undenkbar wäre, sich doch aber mehr auf dunkle Volkssagen als historische Zeugnisse zu stützen scheint. — Der zweite Schweizer Fund aus Mouron enthielt nur 3 Exemplare:

No. I. Afrikaner. 8. Jahrhundert.
„ II. Aus Schâsch. 9. Jahrhundert.
„ III. Aus Bagdâd. 10. Jahrhundert.

c. Österreich.

Über eine in Dalmatien gefundene arabische Glaspaste siehe Wiener Numism. Zeitschr. IV, 304.

Sonst geht Österreich meines Wissens leer aus, was im Hinblick auf Ibn Ja'qûb's Bericht über den Handel von Prag befremden muss.

d. Italien.

Münzfunde aus Unteritalien und Spanien, wo die Araber herrschten, haben für den Handelsgeographen kein Interesse. So haben wir nur eines Fundes (von Bologna) zu gedenken, der hauptsächlich aus byzantinischen Goldmünzen bestand, aber auch 13 arabische Dînâre von den Chalifen Manṣûr, Mahdî, Hârûn ar-Raschîd und Amîn, wahrscheinlich neben anderen unterschlagenen Exemplaren enthielt. Allen Anzeichen nach gehörte er einem dort ertrunkenen (jüdischen?) Kaufmanne an, kommt also vielleicht nur durch Zufall unter

es im Chalifenreich und in Spanien viel Gesindel gegeben haben mag, so ist doch nicht zu verkennen, dass die christlichen Berichte, auf dem extremsten Parteistandpunkt stehen; Reinaud hat die Sache nahezu erbaulich geschildert.) Noch in der ersten Hälfte des 10. Jahrhunderts wurde von ihnen der St. Bernhardt überschritten, von wo aus sie in die fruchtbaren Thäler der Rhone und des Rhein vordrangen.

die italienischen Funde, da sein Besitzer vermutlich auf der Reise verunglückte. Er ward mehrfach beschrieben. Das Goldgeld beweist, dass er zu dem nordisch-baltischen Verkehr in keinerlei Beziehung stand.

e. Frankreich.

Longpérier (Monnaie andalouse trouvée à Contres in seinen Werken. Bd. I. Paris 1883, pag. 435) erwähnt nur:

1. Einen Dirhem vom Jahre 191 (777) aus Cordoba, gefunden in Département Loir-et-Cher, unweit von Blois.

2. Vom Jahre 191 (806/7) aus Cordoba, gefunden bei Grasse (Aube). Sonst sind ihm nur Funde von Dînâren in Südfrankreich aus dem 12. und 13. Jahrhundert bekannt, was alles kaum bemerkenswert ist.

f. England.

Nur Ausläufer:

Marsden erwähnt einen am Ende des vorigen Jahrhunderts gemachten Fund aus dem Dorfe Dean bei Kerwick in Cumberland, bestehend aus:

1 Chalîfenmünze anno 798.

2 Sâmâniden Schâsch anno 906/7.

1803 wurde im Kirchspiel Flaxton bei York eine dritte Sâmânidenmünze vom Jahre 911/2 ausgepflügt.

g. Schweden und Norwegen.

Bei der Besprechung eines 1771 an der skandinavischen Küste*) gemachten Fundes von Sâmânidenmünzen, worunter 700 ganze und viele zerbrochene waren, hat schon Professor Aurivillius in den Nova acta regiae societatis scientiarum Upsaliensis (Vol II, pag. 78—107. Upsaliae. 1755. 4.) eine

---

*) Aurivillius sagt: Calmariensi litori propinqua insula Oelandiae. was Eichhorn (Repert. XVII) misverstanden hat, wenn er von einem Funde auf Öland spricht.

Sammlung früherer Fundgeschichten mitgeteilt,*) aus welcher sich ergiebt, dass auch hier wie wol überall die Sâmâniden-münzen vorherrschen.

Das im Stockholmer Museum vorhandene Material hat dann Tornberg wissenschaftlich verwertet in seinem Werk: Numi Cufici Regii Numophylacii Holmiensis, quos omnes in terra Sueciae repertos digessit et interpretatus est Tornberg. Upsaliae 1848, worin er pag. V hinsichtlich der Fundstätten, die er darauf — pag. XLIX mit Hinzuziehung der Fundberichte einzeln durchgeht, etwa folgendes Résumé giebt: ‚Die Dirhems kommen an der Ostküste Schwedens von der Angermanna Elf bis zum südlichsten Schonen häufig, im Innern des Landes und an der Westküste selten vor, besonders zeichnen sich durch ihren Münzreichtum die Inseln Öland und Gotland aus.‘

Das neuhinzukommende Material hat Tornberg sodann in den ‚Symbolae ad rem numariam Muhammedanorum‘ regelmässig abgehandelt und zweimal in der Z. D. M. G. stets mit besonderer Rücksicht auf die Fundorte Bericht erstattet.

In dem ersten der beiden Aufsätze: ‚Über die Ausgrabungen arabischen Geldes in Schweden binnen der letzten zwei Jahre 1855 und 1856‘ (Z. D. M. G. Bd. XI. 1857) erwähnt er, dass bis dahin 169 Örtlichkeiten in Schweden konstatirt seien, an denen arabisches Geld ausgegraben ist, obenan stehe noch immer die Insel Gotland.**)

Im zweiten: ‚Die jüngsten Ausgrabungen arabischen Geldes in Schweden‘ (Z. D. M. G. B. 22. 1868).

---

*) Der Titel der Abhandlung lautet: De numis arabicis in Sveogothia repertis.

**) Hildebrand zählt auf dieser Insel 13 000 Exemplare. Wenn übrigens Minutoli pag. 18 von 705 Fundorten in Schweden spricht, so muss das ein Irrtum sein, der wahrscheinlich nicht auf Liljegrens Rechnung kommt.

fügt er hinzu, dass von 1861—68 über 4000 Dirhems ein-
gegangen seien, von 27 verschiedenen Funden herrührend,
welche mit 4 Ausnahmen, die dem Festlande angehörten, alle
auf Gotland gemacht wurden. Der nördlichste von Bothea
(Provinz Angermanland): 1600 Dirhems.

h. Dänemark.

Lindberg, Lettre à M. Brönsted sur qq.. Médailles
cufiques trouvées dans l'île de Falster et sur qq. mss. cuf.
avec 12 pl. 4. Copenhague 1830. — Unter den médailles,
worunter Lindberg einfach Münzen versteht, befinden sich
4 Exemplare mit Pehlewilegenden. Den grössten Reichtum
an kufischen Münsen weist nach Heyd von den dänischen
Inseln Bornholm auf.

Dänemark ist überhaupt nicht arm an solchen, vergl.
Minutoli pag. 19—23 und 26. (Ledebur pag. 71—76).

Island.

Pfarrer Thorstein zu Helgeson in Stykhold auf dieser
Insel in dem Rapport des séances annuelles de la société
royale des antiquaires du nord 1838 et 1839:[*]

1836 wurden in Mjodal (Distrikt Myrar) ausser einigen
Glas- und Bernsteinperlen zwei eirunde Bronzespangen[**]
u. s. w. nebst zwei kufischen Münzen ausgegraben.[***]

Das Instrument von sonderbarer Form und unbekannter
Verwendung mit rätselhaften Charakteren, das man auf einem
andern Punkte der Insel im folgenden Jahre fand, hat wol,

---

[*] Den Originalbericht konnte ich leider nicht auf seine Glaub-
würdigkeit hin prüfen, da in dem Exemplar der königlichen Bibliothek
zu Berlin gerade die in Frage kommenden Seiten fehlen.

[**] Dienten wahrscheinlich als Geld.

[***] Weit verbreitet waren Münzen bei den Normannen auf Island
jedenfalls nicht. Vielfach bediente man sich des schon im Altertum (bei
Ägyptern, Hebräern, Phönikern) häufigen Ringgeldes vergl. z. B, Bragis
und Lokis Wortwechsel in der Oegisdrecka, die bekannte Seesturmscene
in den alten Frithiofliedern u. s. w.

wenn es auch meist mit dem obigen Funde zusammen besprochen wird, nichts mit dem Orient zu schaffen. Die
Zeichen erinnern mehr an runische als an barbarisirt-arabische.

Eine Abbildung findet man in den:

Annaler for nordisk oldkyndighed, utgive af det kongelige
Nordiske oldskrift-Selskab 1842—43. Taf. VIII.

Grönland. Amerika.

Da bekanntlich von Norwegen aus, wie die Fahrten des
Thorfinn Karlsefni und der Brüder Helgi und Finnbogi beweisen, im 10. und 11. Jahrhundert ein direkter Verkehr
mit Amerika bestanden hat, so ist es nicht undenkbar, zumal
nach Rafns und nach Hermes Angaben (Entdeckung von Amerika
durch die Isländer. Braunschweig 1844) von den Normannen
dort hinterlassene Spuren in verhältnissmässig grosser Zahl an-
getroffen werden, dass auch einmal kufische Münzen daselbst zu
Tage kämen. Mag diese Stelle dazu beitragen, die Aufmerksamkeit hierfür zu schärfen; wäre docheine durch Unachtsam-
keit nicht aufbewahrte Fundgeschichte derart sehr zu beklagen.

Ähnliches gilt von Grönland, das durch den Vater des
kühnen Vinlandsfahrergeschlechts Eirek den Roten kolonisirt
war und gleichfalls im Verkehr mit dem Westen blieb. Die
spärliche Bevölkerung sollte man nicht als Grund gegen diese
Möglichkeit ins Feld führen, da Grönland vielmehr damals
relativ dicht bevölkert war, 15 Kirchen hatte und einen
eigenen Bischof beschäftigte. Dass kufische Münzfunde von
dort bis jetzt unbekannt sind, liegt also vielleicht nur an
dem geringen Interesse für den Nachweis solcher unter der
Bevölkerung nnd den Reisenden. Allerdings sind wir nach
den oben erwähnten Resultaten im westlichen Skandinavien
höchstens zu der Hoffnung auf eine geringe Ausbeute berechtigt.

i. Russland.

Während Skandinavien seinen Altertümern von jeher
ein reges Interesse zuwandte, wurde in Russland ein solches

für unsere Disziplin erst von Deutschland aus durch Tychsens Schüler Frähn geweckt. Seitdem haben aber die Russen auf diesem Gebiet, das sie freilich auch am nächsten angeht, das Meiste geleistet; leider ist von ihren Arbeiten, da báld nach Frähn das Russische in Russland Gelehrtensprache wurde, verhältnismässig nur Weniges bei uns bekannt und mir zugänglich.

Frähn, Topographische Übersicht der Ausgrabungen von altem arabischen Gelde in Russland nebst chronologischer und geographischer Bestimmung des Inhalts der verschiedenen Funde. Bulletin scientifique publié par l'acad. imp. des sciences de St. Pétersbourg*) T. IX und in der neuen Sammlung kleiner Abhandlungen. Leipzig 1844 u. f. Zwei Nachträge hierzu hat Savélieff geliefert:

Über 15 neue Ausgrabungen kufischer Münzen in Russland als Ergänzung zu Frähn, Topogr. Übersicht etc. im Bulletin de la classe historico-philologique de l'acad. impér. des sciences de St. Pétersbourg. Tome I. Zweiter Beitrag zur Topographie der Ausgrabungen von altem arabischen Gelde in Russland. Ebendaselbst. Tome IV.

Savélieff hat, wie er im premier bulletin de la société d'arch. et de numism. pag. 21 erwähnt, auch eine Fundkarte geliefert; sie befindet sich in seinem russischen Werk ,Beziehungen der muhammedanischen Numismatik zur russischen Geschichte. 1747', das mir nur durch die Auszüge in Ermans Archiv zugänglich war.**) Eine neue Bearbeitung dieser Karte

---

*) Das Bulletin der Petersburger Akademie führte von 1837—42 den Titel: Bulletin scientifique publié p. l'acad des sciences de St. Pétersburg. 10 Bd.;

von 1844—59: B. de la classe historico-philologique de l'acad. impér. des sciences de St. Pétersbourg. 16 Bd.;

von 1660—76: Bulletin de l'acad. impér. d. sciences de St. Pétersbourg. Bd. 1—21.

**) Es ist überhaupt bereits recht selten geworden.

hat kürzlich Herr Baron v. Tiesenhausen photographiren lassen, für deren freundliche Übersendung ich ihm hiermit meinen besten Dank ausspreche. Wichtig ist noch folgende Notiz Blau's (Die orientalischen Münzen zu Odessa. Odessa 1876, pag. IV). Er erwähnt eine an Seltenheiten reiche Partie kufischer Dirhems, ein Geschenk des Generals Bartholomaei, der sie im Kaukasus erworben. Sâmâniden- und Sasanidenmünzfunde am Ural erwähnt Teplouchoff, Archiv für Anthropologie, Bd. XII. 1880. Seite 231.

Finnland.

Caroli Abrah. Clewbergii de numis Arabicis in patria repertis dissertatio prior. Aboae. 1755. 4.

Lagus, Numi cufici aliaque orientis monumenta in Finlandia reperta. 1878, konstatirt 17 Fundorte und Funde vom 8. bis 11. Jahrhundert, unter denen ein Spanier, aber keine Afrikaner. Die Sâmâniden überwiegen auch hier.

In Lappland ist schliesslich noch eine Wage mit Gewichten gefunden, die nach Lagus Zeugnis orientalische Arbeit verrät. Über sie soll Hållström (gleichfalls in Helsingfors) gehandelt haben. Abbildungen waren mir nicht zugänglich.

Sibirien.

Strahlenberg erwähnt (pag. 103), dass „an dem Pitziora-Strohm, absonderlich aber bei der Stadt Tzordin oder Welyka Perma, in denen tumulis sepulchralibus (so daselbst herum in grosser Menge sind) viele Müntzen derer alten arabischen Chaliffen" gefunden worden seien. Obwohl uns nun meines Wissens neuere Fundberichte aus diesen Gegenden fehlen, halte ich dennoch diese Stelle für glaubwürdig, würde sogar Funde im eigentlichen Sibirien erwarten.*) Da sie aber von

---

*) Streng genommen haben wir es hier ja noch nicht mit Sibirien zu thun.

Heyd bezweifelt worden, muss ich einmal darauf verweisen,
dass Ausläufer sich sonst nach allen Seiten verfolgen lassen;
sodann, dass die Thatsache, die für Strahlenberg noch gänzlich in der Luft hing, heute erklärlich geworden ist. Auch
hat Sawéljew diesen Handel im 6. Jahrhundert (durch Jornandes) und dann vom 11. Jahrhundert ab belegt (siehe
Ermans Archiv Bd. VII). In der That wäre es wunderbar,
wenn eine Handelsstadt wie Bulġâr die überaus günstigen
nordöstlichen Wasserverkehrsstrassen zu einem Lande, das an
begehrten Pelztieren reich war, nicht ausgenutzt hätte. Das
Gegenteil bestätigt vielmehr Frähns sehr annehmbare Di-
meschqîconjectur (Ibn Foszlan, pag. 241). Der arabische
Kosmograph erzählt nämlich, dass der تندر‎ im Flusse نيل‎
Nil vorkommt, wofür Frähn تبل‎ Tobol zu lesen vorschlägt.
Auch berichtet Strahlenberg (pag. 317) über eine Metallplatte,
deren kufische Inschrift zuerst von Kehr erklärt wurde, dass
sie die Russen den Ostiaken unweit Samarow weggenommen,
woselbst sie als eine grosse Rarität gehangen habe und angebetet
worden sei.*) Auffallend ist die Ähnlichkeit namentlich der Legende mit dem von Frähn in den antiquitatis muhammedanae
monumenta varia beschriebenen, der aus dem Gebiet der alten
Wolgabulgaren stammt.**) Dass seitdem keine neuen Funde
aus Sibirien bekannt wurden,***) liegt wol an der geringen

---

*) Der Grund für diese Verehrung ist nach ihm in den Tierdar-
stellungen zu suchen, mit denen diese Völker auch beim Jagen und
Fischen allerlei Aberglauben getrieben haben sollen; näher liegt es, an
einen altarabischen Zauberspiegel zu denken, was namentlich durch die
Inschrift bestätigt zu werden scheint.

**) Näheres darüber unter den Handelsartikeln.

***) Frähn, Über alte südsibirische Gräberfunde mit Inschriften von
gewissem Datum (Mém. de l'acad. imp. des sciences de St. Pétersbourg.
6. Série. Sciences politiques histoire et philologie Tome IV, Pétersbourg
1840) konnte hier nicht berücksichtigt werden, obwohl es arabische Altertümer behandelt, weil das ältest-datirte eine goldene Trinkschale erst
vom Jahre 1220 christ. Aera ist.

Zahl hierfür interessirter Reisender, der spärlichen Bewohner-
schaft grosser Landstrecken und der Schwierigkeit in ge-
frorenem Boden Ausgrabungen anzustellen. — Stüwe (pag. 61)
gibt auch an, dass in China Dirhems gefunden seien.

Kapitel II.

Heimat des Geldes.

Schon im vorigen Kapitel ist gezeigt worden, dass wir
es hauptsächlich mit Sâmânidenmünzen zu thun haben. Eine
alphabetische Tabelle sämmtlicher Prägorte, die er in Schweden
vertreten fand, hat Tornberg in seinem numismatischen Hauptwerk pag. 276—91 geliefert, wozu ein Supplement pag. 314
bis 315 zu vergleichen ist. Es geht daraus hervor, dass
Samarqand, Schâsch (am Jaxartes) und Balch neben der
Metropolis des Abbâsidenreichs Bagdâd am zahlreichsten belegt sind. Daran schliessen sich in zweiter Reihe: Buchârâ,
Merw, Enderâbe, Nîsâbûr, Sermen Rai, Mohammediija, Wâsiṭ,
Baṣra und andere (nach ihrer geographischen Lage geordnet,
da die Anordnung nach der Zahl gefundener Exemplare durch
neue Funde beständigen Schwankungen ausgesetzt sein würde.)
Übrigens sind alle nur irgendwie bedeutenden Städte des
Ostens bis zur fernen Landschaft Fergâna vertreten.

Von ägyptischen Münzen wurde früher behauptet, dass
sie gänzlich mangelten und dieser Umstand mit der schon
zeitig dort selbständig gewordenen ketzerischen Fâṭimiden-
dynastie in Verbindung gebracht. Doch ist die Thatsache
in ihrer Schroffheit unrichtig. Tornberg verzeichnet z. B.
4 Münzen aus Miṣr. d. i. Fusṭâṭ.

Was nun die west-arabischen (afrikanischen und spanischen) Münzen anlangt, so ist ihre Zahl im Vergleich mit
den ost-arabischen sehr gering, doch immerhin an sich nicht
zu unterschätzen. Frähn zählt aus russischen Funden

125 Stück davon, die in Petersburg aufbewahrt werden und
gegen 100, die sich in Charkow befinden. Auch in Nord-
deutschland sind sie mehrfach gefunden worden. So war
schon unter dem Danziger Fund von 1722 ein solches
Exemplar. Prof. Erman erwähnt aus dem Funde bei Regenwalde zwei Idrîsische Bruchstücke, diese Dynastie regierte
im Maġrib (Fez eig. Fâs). Dass in Finnland spanische
Münzen vorkommen, haben wir schon bemerkt.

Wol alle Forscher, auch Frähn, waren bisher der Meinung, dass diese maġrebinischen Münzen von Westen aus
zu uns gelangten. Das Verbreitungsgebiet ist aber dieser
Ansicht durchaus ungünstig. Wir müssten ihr zufolge die
westlichen Handelsstrassen durch eine Reihe maġrebinischer
Münzfunde belegt finden; und das Nichtvorhandensein derselben in Süd-Deutschland wäre gar nicht zu erklären. Überhaupt könnten sich die Vertreter dieser Hypothese nur auf
den einzigen Fund von Steckborn berufen; denn der andere
Schweizer Fund weist dadurch, dass er eine Münze aus
Schâsch und eine aus Baġdâd, aber nur einen Afrikaner
enthält, nach Osten. Ferner erinnere man sich daran, dass
die Dirhems, die aṭ-Ṭorṭûschî in Mainz sah, aus Samarqand
stammten. Karabacek denkt an einen arabischen Seeverkehr
auf dem Westwege längs der Küste. Doch müssten dann
die Gestade der Nordsee Münzen aus Afrika und Spanien
aufweisen, was wenigstens in Bezug auf die Niederlande
beispielsweise und die hannoveranische Küste absolut nicht
der Fall ist. Man könnte zwar einwenden: In den Ländern
der Christen legten die muhammedanischen Schiffe nicht an.
Es wird aber heute doch wol Niemand mehr behaupten
wollen, dass die Araber auf diesem Wege bis in die Ostsee
vordrangen. Dagegen sprechen zu viele argumenta ex silentio.
Wir sehen uns also zu der Annahme genötigt, dass auch
die Münze des Westens höchstwahrscheinlich auf dem Ost-
wege durch Russland zu uns gekommen ist. Darum ist ihre

Zahl so gering; dass sie aber doch vorhanden, wird auf den Geldaustausch gelegentlich der grossen Pilgerfahrten in Mekka zurückzuführen sein.

Vielleicht erwartet man jetzt einen Gesammtindex der Prägorte. Einen solchen zu geben, erschien mir jedoch aus dem Grunde nicht ratsam, weil sich das vorhandene Material nicht durcheinander werfen lässt, da viele, namentlich ältere Fundberichte keine hinlängliche Gewähr dafür liefern, dass die Münzen wirklich aus dem Abendlande stammen. Ferner werden sich bei dem immer zunehmenden Interesse die Funde noch bedeutend mehren, so dass eine jede derartige Tabelle rasch veralten würde. Überdies darf ihr Wert nicht zu hoch angeschlagen werden, da sich gewiss dieses oder jenes Exemplar verirrt hat durch Zufälligkeiten, die wir heute nicht mehr konstatiren können, und die Ansicht jedenfalls irrig wäre, dass alle bei uns vertretenen Prägorte in direktem Verkehr mit dem Norden standen.

Kapitel III.

Alter des Geldes.

Da die ältesten Silbermünzen der Araber überhaupt sehr selten sind, darf es uns nicht Wunder nehmen, sie in den Funden nur sehr spärlich vertreten zu finden. Dies deutet nicht darauf hin, dass der Handel damals erst im Begriffe stand, sich nach unseren Gegenden auszubreiten; vielmehr hindert den, der in Betracht zieht, dass der älteste Dirhem des Königl. Münzkabinets zu Berlin vom Jahre 78 d. Fl. ist und ein Exemplar von 79 (698 n. Chr.) in England einst als grosse Rarität mit 100 Pfd. bezahlt wurde,*) während Tornberg**) unter den Ausgrabungen aus Schweden

---

*) Stickel.

**) Numi Cufici Regii Numophylacii Holmiensis.

eins aus demselben Jahre (79) und Tiesenhausen*) eins vom
Jahre 80, im Gouvernement Wjätka gefunden, erwähnt,**)
nichts an der Annahme, dass der Handel vielleicht schon
sehr lange in Blüte stand, als der Chalîfe ʿAbdelmalik das
erste Silbergeld schlug. Lateinisch - arabische Münzen vom
älteren Typus***) haben wir wol nur deshalb nicht gefunden,
weil ausschliesslich Silbermünzen bei uns vorkommen. Ob
daneben das höhere Alter als Grund für ihr Fehlen anzusehen sei, ist zweifelhaft; allerdings scheint die oströmische
Münze — vor dem Auftreten der Araber — im Norden
bereits äusserst rar geworden zu sein. Doch bestand beispielsweise der Pelzhandel jedenfalls schon vor diesem Ereignis, wofür ich nicht nur die oben erwähnte Jornandesstelle (Mommsen's Ausgabe der Getica S. 59, wozu man die
Bemerkung S. 197 vergleiche†), sondern auch folgende gütige
Mitteilung des Herrn Prof. v. Spiegel anführen kann:

„Wie mir scheint, dürfte der Pelzhandel nicht blos in
Transoxanien, sondern auch in Persien und Armenien über-
haupt in ziemlich frühe Zeit zurückgehen. ...... Darum
führt auch das Schâhnâhme (S. 38 der Pariser, S. 19 der
Vullers'schen Ausgabe) den Gebrauch der Pelze bis in die
Zeit des Königs Hûscheng zurück und nennt 4 als wertvoll:

---

*) Wiener Numism. Zeitsch. III, 166.

**) Die Notiz, die v. Minutoli pag. 47 gibt, dass nach Kruse in den
von ihm bereisten Gegenden arabische Münzen von 766—1011 vorkämen,
bedarf also, obwohl an sich richtig, der Erweiterung.

***) Damit bezeichne ich die ganze Klasse, nicht nur die, welche
wirklich lateinische Legenden tragen. Älterer Typus — im Gegensatz
zu den Henricusmünzen.

†) Deren Resultat ich übrigens nicht beipflichten kann. Einmal ist
sappherinus nicht = caeruleus, das nachfolgende nigridine steht dazu in
schroffem Gegensatz. Ich kenne ferner kein saphirblaues Pelztier. Saweljew hat entschieden das Richtige getroffen, vergl. ägypt. Remenen
höchstwahrscheinlich = Libanon. Über das schwarze Zobel der arabischen
Geographen habe ich an an anderm Orte das Nötige beigebracht.

سمور روباه قاقم سنجاب Den samuir = سمور finden Sie auch
bei dem Armenier Eliseus (5. Jahrhundert; S. 241 der Ausgabe
von 1832) als einen Bestandteil eines königlichen Anzuges.'
Wie lange das Geld unterwegs war, wissen wir nicht.
Selbst wenn die arabischen Itinerarien, wie wir sie z. B.
bei Ibn Chordâdhbeh haben, bis zum höchsten Norden reich-
ten,*) blieben immerhin Zahl und Länge der üblichen
Reiseunterbrechungen unbekannt, welche für die reisenden
Kaufleute gewiss die Hauptsache waren. Doch sind wir
nicht genötigt dafür eine grössere Zahl von Jahren anzunehmen. Wenn also Frähn einen Fund (aus dem Gouvernement Mohilew gekauft) erwähnt, der nur bis zum Jahre 815
n. Chr. herabgeht, so spricht die Wahrscheinlichkeit dafür,
dass derselbe auch bereits in der ersten Hälfte des 9. Jahrhunderts an seinen Ort gelangt sei. Im Orient wird das
Geld noch nicht lange im Cours gewesen sein, da man jedesmal nach dem Tode eines Herrschers seine Münzen einzu-
ziehen pflegte; lange aber regierten die Chalîfen selten; dafür
sorgte der Nachfolger. Unter den Barbaren wird es freilich
als etwas Rares**) sorgfältiger aufgehoben sein. So erklärt
sich wol die Weite des Zeitraumes, über den sich einzelne
Funde erstrecken.

Hinunter reichen sie bis in den Anfang des 11. Jahrhunderts. Tychsen giebt (Repert. VI) 1000, Adlerbeth und
v. Bohlen 1012 als jüngstes Prägjahr an. Selbst in Russland werden nach Savélieffs Zeugnis aus dem 11.—13. Jahrhundert keine orientalischen Altertümer gefunden, während
sich dort später wieder morgenländischer Einfluss bemerkbar
macht, der aber nicht mehr unsere Gestade erreicht hat.

Den Grund für das Absterben des Handels haben wir

---

*) Sie schliessen meist mit Bulġâr.
**) Rar blieb es im Norden im Gegensatz zum Chalîfenreich immer-
hin, wenn uns heute auch die grossen Massen der Ausgrabungen in
Erstaunen setzen.

einmal in dem kriegerischen Vordringen der Russen nach
Süden zu sehen, welches die Zerstörung der Handelsmetropolen Bulgâr und Itil zur Folge hatte. Mit ihnen gewann
auch das gegen den Islâm stets intolerante Christentum an
Boden und Einfluss. Zu den negativen kamen positive
Gründe. Vor allem müssen wir hier der Venetianer und
ihres Dogen Pietro II. Orseolo gedenken, der um die Wende
des neuen Jahrtausends durch überaus günstige Handelsver-
träge mit dem griechischen und deutschen Kaiser, durch
Unterwerfung Kroatiens uud Dalmatiens und durch Gesandtschaften, wie es heisst, an alle Höfe der Sarazenen dem
Handel seiner Vaterstadt einen mächtigeu Aufschwung ver-
lieh. Auch der Umstand, dass Venedigs Rivalen, die see-
fahrenden Normannen in Unteritalien und Sicilien festen
Fuss fassten, trug dazu bei, den Verkehr in diese Bahnen
zu lenken. Namentlich seien hier die grossartigen Bestre-
bungen des Königs Roger von Sicilien (1127—31) hervorgehoben, der sein Reich in Handel und Industrie teilweise
durch Heranziehung arabischer Kräfte zu heben und dadurch
mit diesen in bewusste Konkurrenz zu treten suchte. Zugleich wurden durch die Züge der Normannen nach Süden
dem Norden kommerzielle Kräfte entzogen. Im engen Zu-
sammenhange mit dieser normannischen Invasion — eigentlich nur eine Fortsetzung derselben bildend — stehen die
Kreuzzüge, durch welche die italischen Seestädte ihre höchste
Blüte erreichten. Doch wurde an dem Verfall des russischen
Handels auch noch auf einem anderen Punkte gearbeitet;
wir meinen das Kulturwerk Stephan des Heiligen († 1038)
in Ungarn, welches die Donaustrassen dem Verkehr erschloss.

Im Hinblick auf die Sachlage im Orient werden wir
als einen wichtigen Grund auch den Zusammenbruch der
Samânidenherrschaft (998), der zeitlich mit dem Niedergang
des Handels zusammenfällt, anzusehen haben, besonders da
dieser durch das Emporstreben des Gaznewidenreichs herbei-

geführt wurde, welches sich prinzipiell darin von jenem unterschied, dass sein Streben nicht nach Westen und Norden,
sondern nach Süden und Osten gerichtet war.

Trotz aller dieser Gründe muss dennoch anerkannt
werden, dass das Aufhören der Münzfunde nicht unbedingt
nötigt, ein gleichzeitiges Aufhören des Handels anzunehmen.*)
Denn einmal beginnen gerade um jene Zeit die Reiche des
Nordens eigene Münzen zu schlagen und es ist wahrscheinlich, dass sich ihnen gegenüber arabisches Geld nicht mehr
im baltischen Verkehr behaupten konnte, ohne dass darum
überhaupt die Möglichkeit es zu erhalten ausgeschlossen gewesen wäre. Andererseits kennt noch Ibn Baṭûṭa sowol den
nordischen Pelzhandel als auch'den stummen Verkehr zwischen
Bulgâr und dem Land der Finsternis. Gegen diesen Geographen darf sich aber der Argwohn, der bei anderen bisweilen gerechtfertigt sein mag, dass er im Widerspruch mit
der Autopsie veraltete Berichte kopire, durchaus nicht erheben. Der Verkehr muss zu seiner Zeit, wenn auch durch
schwere Krisen bedeutend geschwächt, noch bestanden haben.
Sodann aber bedenke man den Einfluss der christlichen
Propaganda. 966 wird Micislav von Polen getauft; Wladimir
(980—1015) begründet die Herrschaft des Kreuzes in Russland; 1008 folgt Olaf von Schweden ihrem Beispiel; bald
darauf sichert Kanut (1016—36) das Christentum in Dänemark. Die Zahlen sprechen deutlich, noch deutlicher aber
folgender Umstand. Im Westen muss zwischen Muhamme-
danern und Christen nach orientalischen und occidentalischen
Quellen gleichfalls ein lebhafter Verkehr bestanden haben.
Die Kultur des Abendlandes hatte hier ihren Brennpunkt,
und doch muss der Handel, wie wir aus der Verbreitung der

---

*) Vergl. hier den Abschnitt über deutsche Münzen.

**) Heyd I, S. 72 gibt an, dass in Dänemark zuerst Svein Gabel-
bart († 1000), in Schweden Olaf Schosskönig († 1024) münzte. Norwegen schloss sich etwas später an.

Münzfunde gesehen haben, lediglich Tauschhandel gewesen sein; was sich nur daraus erklärt, dass der christliche Händler vor den Qoransprüchen der morgenländischen Münze eine abergläubische Abneigung empfand. Hiermit glaube ich die Lösung gefunden zu haben für jenes Problem, auf welches einst Virchow hinwies, indem er sagte (Anthropologisches Correspondenzblatt. 1878. S. 136): ‚Wir haben also eine chronologisch gut charakterisirte Ornamentik und einen bestimmten Handelsverkehr, der jedoch mit Ausschluss des eigentlichen deutschen Landes und einer Zahl slavischer Länder geführt ist .... Es wird die Aufgabe der nächsten Zukunft sein, zu ermitteln, wie das zusammenhängt. Ich habe eine ganz ausreichende Erklärung nicht finden können, warum die Küstenländer der Ostsee bevorzugt und die Binnenlandschaften ausgeschlossen worden sind. Ich halte es für keinen Zufall, dass über eine gewisse südliche Linie hinaus nichts gefunden worden ist.' Beachtenswert scheint mir freilich auch die Ansicht, welche Herr Dr. Huber mir gegenüber äusserte, die höheren Kulturvölker des Westens mögen die Münzen eingeschmolzen und verarbeitet haben, eine Kunst, die den Barbaren abging.

Kapitel IV.

Fundberichte.

A. Müller hat an geeignetem Orte von Bohlens Wunsch ausdrücklich betont, dahin zu wirken, dass in Zukunft keine einzige Münze, wie es so oft geschehen, der wissenschaftlichen Prüfung entzogen werde. Als noch viel wichtiger muss aber die Sammlung authentischer Fundberichte hervorgehoben werden, über die wir bis jetzt erst in sehr geringem Maasse verfügen. Denn die Münze selbst kann noch nach langen Jahren bestimmt werden, während die Umstände bei ihrer Auffindung bald in Vergessenheit geraten. Und doch könnten gerade diese hochwichtige Anhaltspunkte für den Handel liefern; nur darf man sich nicht auf die Aussagen von Arbeitern und Dilettanten stützen. Fachgelehrte sind bisher fast nie bei kufischen Münzfunden zugegen gewesen; oft würde die nachträgliche Untersuchung an Ort und Stelle noch Resultate liefern.

Fassen wir die bisher gesammelten Erfahrungen zusammen, so ergiebt sich zunächst, dass Einzelfunde, die sich allerdings auch am leichtesten dem Bekanntwerden entziehen, ziemlich selten sind. Überhaupt scheinen die Münzen nicht zufällig verloren oder vergessen, sondern meist absichtlich an den Ort gebracht zu sein, an dem wir sie finden. Hierfür spricht der Umstand, dass sie sich vielfach in Töpfen oder sonstigen Behältern befinden. So Frähn topogr. Übers. pag. 329; in irdenen Gefässen lagen ferner der Fund Ledebur pag. 58 und Frähn pag. 320; in einem Kessel Frähn pag. 322; in einem kupfernen Geschirr Ledebur pag. 42 etc. Es werden also meist vergrabene Schätze sein, deren Eigentümer starben, bevor sie das Geheimnis einem andern anvertraut hatten. Zuweilen scheint von ihnen ein Baum als Kennzeichen auf die Stelle gepflanzt zu sein. So Frähn pag. 331;*) auch erzählt Ledebur pag. 56: ‚Im Jahre 1795 wurden ebendaselbst (nämlich bei Wollin) unter einem Baumstamme 38 Münzen der Samaniden ausgegraben.' Pag. 74 erwähnt er 2 dänische Funde, welche unter Steinen gemacht wurden. In den allerseltensten Fällen scheinen übrigens die Münzen Beigaben eines Toten zu sein; siehe z. B. Ledebur pag. 72, vielleicht auch pag. 75 (Aaker Fund); ich muss namentlich darauf aufmerksam machen, dass derlei Fundberichte schlecht bezeugt zu sein pflegen.

Wichtig ist endlich die Mitteilung Virchows (Anthrop. Correspondenzblatt 1878, S. 135), dass die kufischen Münzen

---

*) Wir haben über den Fund pag. 26/27 ausführlich gehandelt.

in Verbindung mit jener reichhaltigen Gruppe von Ornamenten
auftreten, die man allgemein als Burgwalltypen bezeichnet
hat. Da dieselbe nach einstimmigem Urteil aller Fachge-
lehrten die höchste Vollendung unserer prähistorischen Keramik
speziell hinsichtlich der Ornamentik repräsentiren, auf letzterem
Gebiet aber der Orient von jeher Bedeutendes geleistet hat, so
glaube ich hier bestimmt morgenländische Einflüsse annehmen
zu dürfen, die Virchow sogar bis ins Einzelne (Wellen- und
Wolfszahnornament) verfolgt hat.

Kapitel V.

Warum werden bei uns fast nur Silbermünzen gefunden?

Obwohl vereinzelt auch arabisches Gold- (und Kupfer-)
geld bei uns vorkommt, was frühere Forscher zuweilen nicht
gewusst haben, so ist es doch im Vergleich zu den ungeheuren
Massen von Silbermünzen so selten, dass es, als Zufälligkeit
neben der Regel stehend, für unsere Zwecke kaum in Betracht
kommt. Über eine 1785 bei Lötzen aufgefundene arabische
Goldmünze siehe Minutoli, Abhandlungen vermischten Inhalts,
Cyklus II, Bdchen I. Berlin 1831. Anderweitige Beispiele
findet man in seiner topographischen Übersicht. Es ist dies
der Fund von Aggerhus in Norwegen, der auch arabische
Dinâre des 8. Jahrhunderts enthielt (vergl. Ledebur pag. 6).
Frähn wusste im Ibn Foszlan S. 82 nur eine Goldmünze
(vom Sâmânidenemîr Naṣr B. Aḥmed) zu nennen, deren
Fundgeschichte übrigens, wie es scheint, viel zu wünschen
übrig lässt.*) Ibn Faḍlân erzählt, dass der russische Händler
sich vor seinem Götzenbild, nachdem er ihm das übliche
Geschenk dargebracht, niederwerfe mit der Bitte:

اريد ان ترزقنى تاجرا معه دنانير ودرام

---

*) Wenigstens gibt Frähn nur an, dass sie sich im Asiat. Museum
zu Petersburg befinde.

4

Ob dies wirklich eine treue Angabe seiner Worte, oder
ob sie wenigstens darauf hindeutet, dass der Verfasser Goldgeld im Norden gesehen, oder aber, ob derselbe hier seine
Phantasie etwas freier spielen liess, wird schwer zu entscheiden sein.

Kupfergeld dagegen scheint eigentlich gänzlich zu fehlen.
Zwar existirt eine Abhandlung Savélieffs: Monnaies coufiques
en cuivre trouvées à Kiew en 1845 in den Mémoires de la
société impér. d'archéologie 1851. Zu beachten ist jedoch,
dass der hier besprochene Fund bis ins 13. Jahrhundert
herunterreicht, wenn er gleich mit einer Münze des Abbâsiden Manṣûr beginnt, die aus dem Jahre 765 stammt.
Übrigens bestand der ganze Fund lediglich aus Kupfermünzen
und zwar aus 200 Exemplaren, die in einer Urne lagen.

Man könnte hier eine Parallele mit den Maria-Theresia-
thalern ziehen, welche ja in einigen Teilen Afrikas noch
heute alleinigen Kours haben. Dazu kommt ferner, dass
Silber überhaupt die beliebteste Münzsorte zu sein scheint.
כסף und argentum heissen ‚Geld' kat' exochên; im Assy-
rischen begegnet uns dieselbe Erscheinung.

Anzunehmen, dass die Araber, weil sie Kupfer und Gold
aus dem Norden holten, dieses nur um Silber eintauschen
konnten, ist unstatthaft, da gerade das Vorkommen von Silber
in jenen Gegenden ihnen am frühesten bekannt gewesen zu sein
scheint. Auch können wir, da Jâqût Goldminen bei den
Slawen bezeugt, nicht glauben, dass diesen Völkern der Wert
der Metalle so unbekannt gewesen sein sollte, dass sich Goldgeld bei ihnen als unpraktisch erwies, indem sie mit Silber
ebenso zufrieden waren.

Savélieff (siehe Ermans Archiv, Bd. VI, pag. 435) hat
nun — und hiermit ist die Sache vollständig erklärt —
darauf aufmerksam gemacht, dass im Sâmânidenreich für
gewöhnlich nur Silbermünzen geprägt wurden, während das
Gold in Stangen gegossen als Waare galt. Er kannte nur

5 sâmânidische Dukaten. Ubrigens sagt auch Iṣṭachrî (de Goejes Ausg. pag. 314) von den Bochârensern:

„Ihre Currentmünze sind die Dirhems und sie gebrauchen im Handel keine Dînâre!

Kapitel VI.

Warum sind die Dirhems so häufig zerbrochen?

Dass die arabischen Münzen, wie z. B. auch die deutschen Bracteaten, so überaus häufig zerbrochen vorgefunden werden,[*] darf man zunächst nicht dem Zufall zuschreiben. Zwar sind die Dirhems, wie die meisten Münzen jener Periode des Mittelalters, zu ihrer Grösse auffallend dünn, weshalb sie auch von den Arabern aurâq ‚Blätter‘ genannt werden, doch ist das Zerbrechen vielfach zu kunstgerecht ausgeführt, um nur durch die Ungeschicklichkeit roher Barbarenfäuste erklärt zu werden. v. Bohlen behauptet sogar, dass die dickeren Abbâsiden mit einer starken Scheere oder einem anderen ähnlichen Instrument zerschnitten und nur die dünneren Sâmâniden zerbrochen seien; eine Unterscheidung, die schwerlich haltbar ist. Ferner begegnet uns die Erscheinung zu häufig; so beschrieb Nesselmann (Z. D. M. G. Bd. 20) einen Fund von Preussisch-Holland, der, obwohl er aus 123 Exemplaren bestand, doch nur Bruchstücke enthielt. Gerade dieser Umstand, dass alle Münzen zerschnitten waren, könnte uns geneigt machen, einer anderen Erklärung beizupflichten, die aber wol nur eine falsche Anwendung des Analogienschlusses ist. Wir finden nämlich häufig in prähistorischen Gräbern die Beigaben (Schwerter, Lanzenspitzen u. dergl.) absichtlich verbogen, selbst in den „Brandgruben“, die keine Urne enthalten, so dass der enge Hals einer solchen nicht

---

[*] Siehe z. B. die Tafeln bei Aurivillius.

4*

als Ursache angeführt werden kann. Vielmehr liegt dieser Sitte zweifellos die Absicht zu Grunde, die dem Toten mitgegebenen Schätze dem Gebrauche der Lebenden zu entziehen, damit diese nicht, zu Grabfrevel verlockt, die Ruhe der Entschlafenen stören. Doch sind häufig Münzfunde mit zerbrochenen Exemplaren gemacht worden, von denen sich schwerlich nachweisen lassen dürfte, dass sie Beigaben eines Verstorbenen gewesen, obwohl in vielen Fällen, namentlich wenn Arbeiter den Schatz hoben, der Aschenkrug neben dem Gelde als wertlos keine Beachtung gefunden haben mag. Sodann macht v. Bohlen darauf aufmerksam, dass niemals zwei Fragmente zusammenpassen.

Die richtige Erklärung, die übrigens schon längst von den meisten Forschern acceptirt ist, ergiebt sich leicht aus dem Vorigen; da eben nur eine Münzsorte vorhanden war, musste man, wenn kleinere Beträge zu bezahlen waren, den Dirhem in Hälften und Viertel zerschneiden. Rasmussen sagt pag. 57: Sic nummos disrumpere ad monetam minutam comparandam in celebri emporio Samarcand moris fuisse, Ibn Haucal expresse testatur. Die Stelle, auf die er anspielt, steht in Ouseleys Übersetzung des vermeintlichen Ibn Hauqal pag. 258; im arabischen Iṣṭachrî konnte ich sie nicht wiederfinden. Auch hat man schon darauf hingewiesen, dass einzelne noch ganze Stücke Einkerbungen und Furchen zeigen, die wahrscheinlich den Zweck hatten, das Zerbrechen im vorkommenden Falle zu erleichtern. Sehr beachtenswert ist übrigens die Thatsache, dass unser Leipziger Münzkabinet, eine von Generalkonsul Blau im Orient zu Stande gebrachte Sammlung, keine Bruchstücke enthält.*) Die Sitte des Zerbrechens

---

*) Eine Stelle bei Belâdhorî (ed. de Goeje. Leyden. 1866) könnte man so auslegen, als wenn ausser Kours gesetztes Geld zerbrochen wurde. Das dürfte Anlass zu der Meinung werden, dass man jenes Geld, welches im Chalifenreich von niemand mehr genommen wurde, bei den Barbaren los zu werden suchte. Doch liegt es näher unter dem Wort kasar, dessen

besehränkte sich demnach auf die Barbaren. Der Grund, warum, obwohl sich ein Bedürfnis nach kleinen Münzen fühlbar machte, das Kupfergeld der arabischen Kaufleute verschmäht wurde, ist der, dass es in den Augen jener Völker nicht eine minderwertige, sondern eine wertlose Münze war.

Kapitel VII.

Sind die bei uns gefundenen kufischen Münzen als Geld gebraucht oder als Schmuck getragen worden?

Für beides haben wir sichere Anhaltspunkte, wie denn überhaupt Geld zugleich als Schmuck zu verwenden, weit-verbreitete Sitte ist. Dass dieses auch bei unseren Dirhems der Fall war, geht daraus hervor, dass sie sehr häufig durch-bohrt ausgegraben werden und Tornberg (Numi Cufici Reg. Numophilacii Holmiensis) sowie Kruse (Necrolivonica) sogar Exemplare abbilden, bei denen eine Vorrichtung zum An-henken erhalten ist. Wahrscheinlich sind jedoch die meisten schon im Orient getragen worden, und zwar nicht sowohl als Schmuckstücke, sondern als Amulette wegen der qoranischen Sprüche, die sie aufweisen. Der Gebrauch besteht noch heutzutage in Arabien; wol die älteste Nachricht darüber findet man bei Niebuhr.*) Auch enthält das Leipziger Münzkabinet einen Dirhem mit Henkel, der also direkt aus dem Orient stammen muss, ferner das Berliner mehrere mit derselben Vorrichtung, welche letztere sich durch ihre Orna-mentik als orientalische Arbeit zu erweisen scheint.

---

sich Belâdhori bedient, das dem Einschmelzen unmittelbar vorhergehende Zerbrechen oder das Unbrauchbarmachen überhaupt zu verstehen.

*) Auch in Spanien trug und trägt man Münzen als Schmuck.

Andrerseits lassen sich dafür, dass die Sitte, kufische Münzen als Schaustücke oder Amulette zu tragen, auch im im Norden bestand, folgende Gründe geltend machen:

1. Dass eine nicht unbedeutende Anzahl der im königl. Münzkabinet zu Berlin aufbewahrten arabischen Barbarenmünzen durchbohrt ist, und zwar immer in der Nähe des Randes.*)

2. Dass die Sitte bei den Baschkirenfrauen**) und auf Inseln der Nordsee sich noch heute findet (Minutoli); auch bei uns noch die Sankt-Georgsthaler als Amulette dienen.

3. Dass Kruse (Necrolivonica tab. 15) Kettengehänge mit arabischen Münzen abbildet, die nach seiner Rekonstruktion der alten Warägertracht (tab. 78) auf der Brust getragen wurden.

Doch muss das Gesagte wiederum durch folgende Beschränkungen compensirt werden. In Pommerellen scheinen zunächst kufische Münzen als Schmuck nicht üblich gewesen zu sein, indem uns dort die Gesichtsurnen, die doch meistens in eine Zeit versetzt werden, in welcher jener Handel mit dem Morgenlande blühte, reichliche Aufschlüsse über die Trachten ihrer Verfertiger geben, aber nichts aufweisen, was als Abbildung einer arabischen Münze in Anspruch genommen werden könnte; freilich muss man anerkennen, dass sie nicht alles zur Darstellung bringen. Auch kann ich, wenn Ibn Faḍlân von den Russinnen erzählt, dass sie um den Hals

---

*) Wenn man nicht etwa annehmen soll, dass die häufigen Durchbohrungen nun einmal so sehr zum Charakter der Münze gehörten, dass sie auch den Nachprägungen nicht fehlen durften. Setzten doch die ältesten Chalifen, welche byzantinisches Geld nachahmten, sogar ihr Bild mit dem Kreuz in der Hand auf dasselbe, weil es in jenen Zeiten überaus schwer war, einen etwas abweichenden Münztypus plötzlich in Kours zu bringen. Doch waren die Originalmünzen keineswegs durchgängig durchbohrt.

**) Die Baschkiren sitzen teilweise an der alten Handelsstrasse.

goldene und silberne Ketten tragen und ihre Männer, jedesmal wenn sie 10 000 Dirhem erworben, ihnen eine Kette
machen lassen, und so fort, dass oft am Halse einer Frau
sich viele Ketten befänden, nicht mit Minutoli glauben, dass
diese Ketten aus Münzen bestanden; denn erstens würde es
der Frau schwer möglich sein, 30 000 Dirhem und mehr*)
um den Hals zu tragen, zweitens würden Männer den Frauen
kaum ihre ganze Barschaft anvertrauen, drittens müsste die
ausdrückliche Erwähnung goldener Ketten, wie aus Kap. 5
hervorgeht, zum mindesten starke Bedenken gegen diese
Deutung erregen. Schliesslich könnte man noch die Stelle
aus Ibn Faḍlân dagegen anführen, welche besagt, dass von
den Russinnen oft ein Dirhem weggegeben würde, um eine
Perle zum Schmuck zu erhalten, die zugleich beweist, dass
diese Dirhems den Russen auch als Geld in unserem Sinne
bekannt waren. Letzteres bezeugt ausdrücklich Ibn Dasta;
auch folgt eine wenigstens teilweise Benutzung zu diesem
Zwecke aus der Kapitel 6 acceptirten Erklärung des häufigen Zerbrochenseins. Überhaupt wäre wol niemand der
Meinung gewesen, dass lediglich die Putzsucht der Frauen
die Ausfuhr arabischen Geldes nach Nordeuropa veranlasst
habe, wenn ihm die Zahl und Stärke der Funde annähernd
bekannt gewesen wäre.

Ehe wir mit der Besprechung der eigentlich-arabischen
Münzen abschliessen, müssen wir noch auf eine sprachliche
Frage hinweisen, welche unser Wort ‚Kies‘ für Geld betrifft.
Grimms Lexikon ist hinsichtlich der Ableitung desselben
vollkommen ratlos. Nun bedeutet kîs im Arabischen wie
im Semitischen überhaupt Beutel und besonders Geldbeutel.
Auch wird nach neuerem Sprachgebrauch eine Summe von
500 Piastern darunter verstanden. Mag nun unser ‚Kies‘
aus dem Arabischen oder aus dem Hebräischen stammen, so

---

*) Bei nur drei Ketten nahezu zwei Zentner.

schliesst letzteres doch keineswegs die Möglichkeit aus, dass
mit der Waare — Geld hört ja niemals auf, Waare zu sein
— auch das Wort auf dem altarabischen Handelswege durch
Russland zu uns gewandert ist, zumal nach Saweljews Angaben auch im Russischen kisa einen Schnürbeutel bezeichnet, der zum Aufbewahren des Geldes dient. Dass es eine
komische Färbung erhalten und heute meist in der Studenten-
sprache üblich, darf uns nicht irre machen, da Fremdwörter
häufig einen humorististischen Beigeschmack bekommen, den
das Original nicht hat.*)

Kapitel VII.

Nachprägungen oder Barbarenmünzen.**)

Nach Analogie der römischen Barbarenmünzen treffen
wir auch unter den arabischen Funden häufig solche Exemplare an, die augenscheinlich nicht im Chalifenreich geschlagen sind, da man sieht, dass bei vielen von ihnen die
Stempelschneider selbst der arabischen Schrift unkundig
waren und nur mechanisch die Züge eines Vorbildes kopirten.
Und zwar so mechanisch, dass wir unter anderm im königl.
Münzkabinet zu Berlin ein rückläufiges Exemplar besitzen,
das z. B.

o\o ⊃ für مسعود hat,

was daraus zu erklären ist, dass die Aufschrift des Originals auf der Platte genau nachgeahmt wurde und dadurch auf der Münze verkehrt erschien. Noch wichtiger ist
ein anderes Exemplar des Berliner Münzkabinets, welches

---

*) Z. B. mausetot von מות, flöten gehen (norweg.: gáa flöiten)
von בלל, schofel שפל u. s. w., Fitzli-Putzli (amerik.) u. s. w.
**) Die Worte habe ich identisch gebraucht und beide nur da an-
gewendet, wo Unkenntnis der arabischen Schrift sich zeigt oder zu
vermuten ist·

mit einer echten und einer falschen Platte geprägt ist, weil
es auf die Möglichkeit hinweist, dass arabische Dirhems mit
den Prägorten Baġdâd, Samarqand u. s. w. unter Umständen
erst von den Barbaren geschlagen sein können, indem diese
es verstanden, sich echte Platten von dorther zu erhandeln.
Freilich ist es für unsere Zwecke ziemlich gleichbedeutend,
ob der Handel mit Münzen oder mit Münzplatten getrieben
wurde, da er jedenfalls existirt haben muss. Doch sind nicht
alle Barbarenmünzen so beschaffen, dass die barbarisirten
Platten nur als Notbehelf für echte zu gelten scheinen.
Vielmehr weisen einige einen ganz neuen freien Typus
auf; so das hier abgebildete Exemplar aus Danzig und

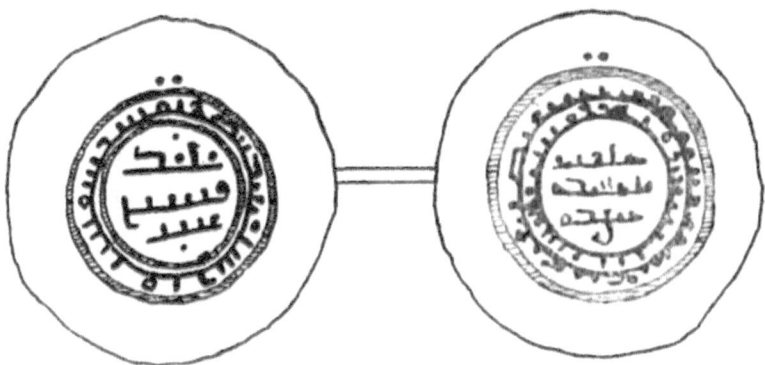

Das Original befindet sich im städtischen Münzkabinet zu Danzig.
Abteilung: Orientalische Münzen No. 50.

das letzte Exemplar des Schubfaches 40 im Leipziger Münzkabinet. Andere dagegen nähern sich so dem Originaltypus,
dass man auf die Vermutung kommt, es könnten auch gelegentlich richtige Prägplatten, d. h. solche, die wir von
echten nicht unterscheiden können, im Norden erst angefertigt sein, die aber nichtsdestoweniger den Namen einer
Stadt des Chalifenreichs tragen. In Bulġâr verstand man es
ja ganz gut, Platten mit originellem Prägort zu verfertigen;[*]

---

*) Vergl. z. B. Frähn, Über drei Münzen der Wolga-Bulgaren aus
dem X. Jahrhundert n. Chr. in den akad. Mem. Série 6, Bd. I, pag. 171 u. f.

oder liess Bulġâr seine Münzen in Samarqand oder sonst
wo schlagen, wie heute Ägypten beispielsweise in Berlin?*)
Die eben angeführten Thatsachen scheinen dieser Annahme
nicht günstig. Reich an Nachprägungen ist namentlich der
Fund von Belkow (Berlin); einige schöne Exemplare befinden sich auch in Danzig; in der Leipziger Universitäts-
sammlung fand ich 3, darunter ein sehr instruktives; ob
letztere wirklich aus dem Orient stammen? Unter die Barbarenmünzen haben wir jedenfalls auch ein einseitig geprägtes
Exemplar des Berliner Kabinets zu rechnen.**) Am wert-
vollsten für uns sind jedoch zweifellos die von Karabacek
publizirten Bilinguen, welche neben dem Namen des Chalîfen
in arabischer, auf der andern Seite den des deutschen Kaisers
Heinrich in lateinischer Schrift enthalten. Sie stammen aus
Polen; hinsichtlich der Zeit hat Karabacek wahrscheinlich
gemacht, dass mit Heinricus Heinrich II. gemeint sei. Vielleicht haben wir für derartige Exemplare einen sehr alten
Fundbericht, der aus dem 16. Jahrhundert stammen würde;
Caspar Schütz bemerkt nämlich in Betreff der Münzen,
welche auf dem Hagelsberg bei Danzig zu Tage gefördert
wurden:

Sunt plurium specierum nummi in centro hanc crucis for-
mam (im Text folgt hier ein dem Numismatiker wohlbekanntes
Zeichen) habentes, alii cum hac inscriptione: Oddo rex, alii
cum ista: Henricus dux. Hujus utriusque nummi altera facies
ignotis characteribus insignita est.

Wo wurden nun diese Barbarenmünzen geschlagen?
Nach den zuletzt erwähnten Beispielen wenigstens teilweise
in Gebieten, wo sich bereits deutscher Einfluss geltend machte

---

*) In neuester Zeit ist dies bekanntlich wiederholt geschehen.
**) Dagegen hat folgende Notiz Minutolis (pag. 20) wol nichts mit
ihnen zu schaffen: Desgleichen hat man vor einigen Jahren auf der Insel
Bornholm eine kufische Münze gefunden, die mit runischen Zeichen be-
deckt war.

oder doch zum mindesten für solche, womit allerdings wenig gewonnen ist, zumal ausserdem immer die Möglichkeit bleibt, dass die Karabacekschen Bilinguen nur nach dem Muster einer zufällig irgend wohin verschlagenen deutschen Münze irgendwo gefertigt wurden. Für letzteres spricht eine arabisch-angelsächsische Goldmünze, über die Soetbeer in den Beiträgen zur Geschichte des Geld- und Münzwesens in Deutschland (Forschungen zur deutschen Geschichte, Bd. IV, Göttingen 1864) gehandelt hat. Zwischen den üblichen qorânischen Sprüchen trägt sie die Aufschrift: Offa rex. *) Andererseits verdient doch folgender Umstand Beachtung: Das Auftreten der Namen der beiden Beherrscher des Morgenlands und des Abendlands auf beiden Seiten jener Münzen verrät eine gewisse Planmässigkeit. Leider ist das vorhandene Material noch zu klein, um hieraus das Verständnis der arabischen sowohl als der lateinischen Aufschrift von Seiten des Prägers folgern zu können; denn es ist nicht unmöglich, dass spätere Funde Avers und Revers in anderer Weise verteilt zeigen werden.

Weitere Anhaltspunkte für die Bestimmung der Heimat unserer Barbarenmünzen liefern, wie bereits angedeutet, die Forschungen Frähns. Derselbe hat nämlich die Städte Bulgâr und Suwâr auf Münzen, die mit Ausnahme einzelner Freiheiten den Sâmânidentypus bewahrten, nachgewiesen. Sie stammen aus dem 10. Jahrhundert und sind noch nicht unter die Barbarenmünzen, sondern unter die gut - arabischen zu

---

*) Regierte von 758—96. Sie wurde bei Rom gefunden, zu dem die Angelsachsen damals lebhafte Beziehungen unterhielten, vergl. z. B. Piper, Einleitung in die monumentale Theologie. Gotha 1867, der pag. 201 Bedas Bericht von des angelsächsischen Bischofs Benedikt 5maliger Reise erwähnt und dann fortfährt: ‚Solche Berichte .... geben ein anschauliches Bild von der den Angelsachsen eigenen, innigen Verbindung mit Rom, nicht allein als dem Mittelpunkt der Kirche, sondern auch als Ausgangspunkt abendländischer Kultur.'

zählen, da sie ein Verständnis der arabischen Schrift bei den Prägern voraussetzen. Seitdem haben sich die Funde von sogenannten*) Wolgabulgarenmünzen gemehrt. Tornberg (Numism. Hauptwerk p. LVII. 246) und Nesselmann hatten solche zu verzeichnen; vergl. ferner Friedländer und Stern, Der Münzfund von Trebenow, Z. D. M. G. Bd. 30, 1875, No. 125. Man wird also mit den Nachprägungen über Kasan hinaus weiter nach Norden hinaufgehen müssen, wenn man nicht etwa vorzieht, den Unterschied in der technischen Vollendung als einen zeitlichen anzusehen. Da nun Ibn Faḍlân von Bulġâr erwähnt, dass man die arabischen Gäste, um sie zu ehren, mit Dirhems überschüttete, so könnte man hierbei an frühere Nachprägungen denken, was jedoch keineswegs erwiesen ist.**)

Übrigens haben sich die Nachpräger nicht auf kufische Münzen beschränkt, sondern es existiren auch byzantinische und Pehlewibarbarenmünzen. Über erstere vergleiche z. B. Minutoli 45; über letztere: Bartholomaei, Lettres numismatiques et archéologiques. St. Pétersb. 1859.

Selbst im Westen finden sich Nachprägungen, so z. B. die langobardischen Münzen, welche die Fürsten von Salerno seit Gisulf I. nach fâṭimidischem Muster (die demnach auf

---

*) Die arabischen Geographen vermeiden es vielfach absichtlich, Bulġâr als Völkername (im Sinne: Wolga-bulġâren) zu gebrauchen. Bulġâr ist eine Stadt der Slawen, Chazaren u. s. w. Die vorkommenden Ausnahmen möchte ich als Nachlässigkeiten bezeichnen. Näheres weiter unten.

**) Wir dürfen bei Erwähnung der „wolga-bulgarischen" Münzen jene Dirhems nicht mit Stillschweigen übergehen, die allem Anschein nach den Sâmâniden angehören müssten, jedoch unbekannte Herrschernamen aufweisen. Siehe darüber O. G. Tychsen, Introductio in rem numariam Muhemmedanorum Bd. I. Rostock 1794, pag. 77. Mikâil-Ben Djafar-Münzen, die hier vorzugsweise in Betracht kommen, beschreiben auch Tornberg und Nesselmann; ferner Z. D. M. G., Bd. 30, No. 47; das Berliner Kabinet hat gleichfalls ein Exemplar.

einen Seeverkehr mit Ägypten hinweisen!) mit schiitischem
Dogma prägten. Ferner gehört hierher jene Münze, welche
ein Bischof von Montpellier schlagen liess, deren Legende,
ein muhammedanischer Glaubenssatz, zur Genüge beweist,
dass der Münzherr keine Ahnung von dem Sinne der Aufschrift hatte, die er vielleicht für Arabesken hielt. Dagegen
vermag ich nicht mit Karabacek die Normannenmünzen als
Nachprägungen zu bezeichnen, weil sie auch in ihren
mohammedanischen Legenden dem Charakter des arabisirten
Normannenstaates entsprechen und vollkommenes Einver-
ständnis der Präger mit ihren Aufschriften vorausgesetzt
werden darf. Abbildungen von ihnen bei Spinelli, Monete
cufiche battute da principi Longobardi Normanni e Suevi.
Napoli. 1844. Dasselbe gilt von den arabischen Münzen der
deutschen Kaiser Heinrich VI. (هريري) und Friedrich II. (فردريك)
Auf den Münzen des letzteren, der als Freidenker und Verehrer der arabischen Kultur bekannt war, wäre es an sich
nicht wunderbar qorânischen Aufschriften zu begegnen. Doch
können auch diese hier nicht einmal nachgewiesen werden,
denn Legenden wie

$$\text{فردريك المعظم المتعزّ بالله}$$

meinen mit Allâh gewiss den Gott der Christen. Auch
darin, dass die Kreuzfahrermünzen sich dem Eijûbidentypus
anschlossen (Lacroix, Monnaies à légendes arabes frappées
par les croisés. Paris, 1877), sehe ich nur ein Anpassen
an die alten Verhältnisse, wie man in Münzangelegenheiten
von jeher sehr konservativ war, und wage daraus kein
Übergewicht des arabischen Handelswesens über das abendländische abzuleiten.

Es wäre noch zu untersuchen, ob sich der Einfluss des
orientalischen Münzwesens auf das occidentalische nicht auch
noch dort bemerkbar macht, wo keine arabische Legende
denselben verrät, also hinsichtlich der Form des Geldes und
des Systems. Die antiken Münzen sind bekanntlich im Ver-

gleich zu ihrer Grösse auffallend dick; bei den arabischen und byzantinischen findet, wenigstens im Mittelalter und soweit sie von Silber waren, das Gegenteil statt; und in der That scheint die weite Verbreitung dieser Münzform in jener Periode der Weltgeschichte teilweise auf den Einfluss dieser beiden Völker zurückzuführen zu sein. Wichtiger ist die andere Frage. In der Münzreform Karls des Grossen nämlich hat man eine Anlehnung an den arabischen Münzfuss erkennen wollen. Saigey vertrat diese Ansicht in seinem Traité de métrologie ancienne et moderne. Ihm widersprach Soetbeer in seinen Beiträgen zur Geschichte des Geld- und Münzwesens in Deutschland (Forschungen zur deutschen Geschichte, Bd. 4. Göttingen 1864, pag. 315 u. f.) § 4. Über den angeblichen Zusammenhang der Gewichtsreform Karls des Grossen mit dem arabischen Gewichts- und Münzsystem. Die Gründe des letzteren sind nicht alle stichhaltig. Wie soll z. B. der Umstand Saigeys Meinung widerlegen, dass im Reich des grossen Frankenkaisers kein kufisches Geld gefunden wird? Die Reform wurde vielleicht eben deshalb unternommen, um das Eindringen muhammedanischer Münze in christliche Länder zu verhüten. Doch ist auch das von gegnerischer Seite beigebrachte Material noch nicht beweiskräftig.

Was lernen wir nun aus den Barbarenmünzen, abgesehen davon, dass die Sache an sich interessant und der Beachtung wert ist? liegen uns doch in den östlichen Exemplaren die ersten Anfänge selbstständiger Münze von Völkern vor, die uns heute nicht mehr gleichgültig sein dürfen. — Einmal geht aus ihnen hervor, dass das arabische Geld sich einer grossen Beliebtheit im Marktverkehr erfreute, indem selbst christliche Machthaber es für gut befanden, ihre Münzen mit arabischen Legenden zu versehen; sodann dass, wie bereits oben gezeigt, ein Handel mit den Arabern auch im Westen immerhin bestanden hat.

Kapitel IX.

Deutsche Münzfunde innerhalb des arabischen Handelsgebiets.

Dannenberg, Die deutschen Münzen der sächsischen und fränkischen Kaiserzeit. Berlin 1876.

In einem ganz neuen Licht erscheinen die Handels-beziehungen, wenn wir die abendländischen Münzfunde be-rücksichtigen. Das ausländische Fundgebiet derselben deckt sich nämlich, abgesehen von Südrussland, auffallender Weise ziemlich mit dem der arabischen, welche auch häufig mit deutschen Münzen zusammen auftreten (Dannenberg, Fund 2, 3 und 4 aus Posen, Pommern und Dänemark etc.). Dannen-berg gibt an, dass letztere weniger in unserem Vaterlande, als rings um das Becken der Ostsee herum, besonders zahl-reich aber in Skandinavien und Polen vorkommen. Auch treten sie in ähnlichen Massen wie die arabischen auf. So fand man bei Minsk (Russland) 367*) Stück, bei Munkegaard (auf Bornholm) 886, bei Fölhagen (Schweden) 1235, bei Selsoe (Seeland) etwa 1300, bei Egersund (Norwegen) etwa 1500, bei Trzebún bei Plock (Polen) etwa 2000, bei Farwe (Holstein) 4000 Stück. Den westlichsten Fundort scheinen die Faröer (93 Stück) wie bei den arabischen Island zu bilden. Auch hinsichtlich der Zeit besteht eine nahe Ver-wandtschaft, da keine von den deutschen Münzen über das Todesjahr Konrad II. (1039) hinausgeht, während die letzte bis jetzt konstatirte arabische Münze 1012 geschlagen war. Die Münzstätten gehören natürlich um diese Zeit sämmtlich dem Westen unseres Vaterlandes an. Wir sehen also, wie der rege Verkehr (namentlich) auf der Ostsee des geprägten

---

*) Ob die Zahlen die Exemplare des Fundes einschliesslich der nichtdeutschen Beimischungen angeben, konnte ich aus Dannenberg nicht ersehen.

Geldes bedurfte und dieses von weit und breit an sich zog, dennoch aber die Bewohner jener Gestade, sei es aus Mangel an edlen Metallen, sei es aus Mangel an technischer Geschicklichkeit — was wahrscheinlicher ist — nicht zum Prägen eigener Münzen gelangt waren.

Dass altdeutsche Geldstücke noch in einem Funde bei Wladímir (hinter Moskau) vertreten waren (Ermans Archiv, Bd. VI, pag. 436), scheint darauf hinzuweisen, dass gelegentlich auch die Schätze des Morgenlandes das Angebot der Barbaren überstiegen. Dass dieses nur ausnahmsweise der Fall war, erklärt sich aus der grösseren Bedürfnislosigkeit der letzteren und dem damit zusammenhängenden relativen Wert aller Güter.

Auch wurden grosse Massen angelsächsischer Münzen in Skandinavien gefunden und namentlich wieder auf den Inseln Gotland und Öland (Heyd I, 98); desgleichen in Russland, wo auch mehrfach skandinavische Nachprägungen derselben zu Tage gefördert wurden, was für die Wege des Verkehrs nicht ohne Bedeutung ist.

Kapitel X.

Können wir uns nach den Münzfunden allein ein richtiges Bild vom baltisch-nordischen Handel der Araber entwerfen?

Wir haben teilweise schon früher darauf hingedeutet, dass dies unmöglich ist.

Denn einerseits müssten wir in diesem Falle schliessen, dass ein Verkehr im Westen fast garnicht bestanden hat, was durch Stellen wie Ibn Chordâdhbeh, pag. 115 und 116, Ibn Faqîh, pag. 84, de Sacy's Chrestomathie II, pag. 118 etc., sowie durch occidentalische Quellen (siehe Import) hinläng-

lich widerlegt wird. Der grösste Teil der arabischen Fremdwörter in unserer Sprache ist auf dem westlichen Wege
durch die Länder der Romanen zu uns gelangt. Doch darf
dieser Umstand, zu dessen Erklärung man noch andere
Faktoren als allein den kommerziellen Verkehr heranziehen
muss, uns nicht verleiten ins andere Extrem zu verfallen;
jedenfalls war, wie aus den Berichten der arabischen Geographen hervorgeht, die östliche Handelsstrasse von grösserer
Bedeutung; den Grund für diese Erscheinung haben wir
bereits in dem Gegensatz zwischen Christentum und Islâm
gefunden.

Hinsichtlich der Zeit des Aufhörens müssen die Münz-
daten, wie Kap. III gezeigt worden, vollkommen irre leiten,
wenn man sie allein benutzt. Der Handel bestand nach
dem Zeugnis arabischer Quellen noch lange fort, nachdem
die kufische Münze aufgehört hatte zum Norden zu wandern.
Schliesslich: Sollen wir annehmen, dass die Araber so weit
nach Norden vordrangen als die Münzfunde reichen? — Dagegen sträubt sich unser historischer Sinn. Es ist klar, dass
zur Beantwortung dieser Fragen noch anderweitiges Material
herbeigeschafft werden muss. Dasselbe liefern in erster Linie
die arabischen Geographen.

Abschnitt II.

Handelsvölker und -wege. Charakteristik des Handels.

Quellen.

Von arabischen Quellen kommen für uns fast ausschliesslich die Geographen in Betracht, welche allerdings nicht in die ältesten Zeiten des Verkehrs hinaufreichen, sondern eigentlich erst mit dem neunten Jahrhundert beginnen; schon deshalb ist es unmöglich, eine Geschichte unseres Handels zu schreiben. Um so grösser ist die räumliche Ausdehnung, denn da bekanntlich das Arabische im Morgenlande als Gelehrtensprache dieselbe Rolle spielt, wie das Lateinische während des Mittelalters im Abendland, so stehen uns hier oft Quellen unter dem Namen von arabischen zu Gebote, die es eigentlich nur hinsichtlich der Sprache sind, während ihre Verfasser von Nationalität Perser,*) Griechen u. s. w. waren. Dennoch sind ihre Beobachtungen nicht so vielseitig, als man hiernach vermuten sollte; jeder einzelne hebt wieder dieselben Punkte hervor unnd hat an originellen Berichten verhältnismässig wenig aufzuweisen; die Summe ihrer Nachrichten ist nichts destoweniger ungemein wertvoll und selbst der occidentalistische Geschichtsforscher auf mittelalterlichem Gebiet dürfte ihrer in den seltensten Fällen ohne Nachteil entraten können. Unbegreiflich sind mir Dr. Hansens**) Worte, welcher sagt: ‚Es zeigt sich, dass bei den Arabern noch wenig zu holen ist, und das Wenige, wie fabelhaft ist es!‘, wenn man auch nicht leugnen darf, dass der Nationalstolz — oder richtiger Glaubensstolz — sie oft davon zurückhielt, ihr Wissen über die Barbaren der Nachwelt zu überliefern, da ihnen die dâr-el-islâm allein wissenschaftlicher Betrachtung wert schien.

Ich lasse eine chronologisch angeordnete Übersicht über die zur Zeit des baltisch-nordischen Verkehrs lebenden arabischen Geographen folgen:.

---

*) So Istachrî.
**) Bei Kruse in den Necrolivonica.

Ibn Chordâdhbeh, herausgegeben von Barbier de Meynard nebst franz. Übersetzung. Paris 1865 (Journal asiatique), nach der früher allein bekannten alten, aber schlechten Oxforder Handschrift. Jetzt bereitet de Goeje, da Graf Landberg aus Ägypten eine neue Handschrift mitgebracht hat, eine bessere Ausgabe vor. Auch bezüglich unseres Gegenstandes enthält sie, wie schon der Prospekt zeigt, wichtige Abweichungen. Der Verfasser war Generalpostmeister im Chalifenreich, was für sein Werk charakteristisch ist; er schrieb zwischen 240 und 260 d. Fl. und starb 300 (912)*)

Aḥmed Ibn Abî Jaʿqûb genannt Al-Jaʿqûbî, K. el-boldân, herausg. von Juynboll dem Jüngeren. Leyden 1861. Nach Reinaud blühte der Verfasser um 890. Sein Buch ist äusserst knapp. Das Geschichtswerk desselben Jaʿqûbî hat Houtsma (in 2 Bd.) edirt; es enthält zwei ziemlich wertlose Stellen über die Chazaren.

Ibn Faqîh. ed. de Goeje. wirr.

Ibn Faḍlân. Obwohl sein Werk selbst. das eine Gesandschaftsreise an den Hof des Königs der Slawen beschrieb, verloren gegangen ist, lässt es sich doch zum Teil aus längeren Zitaten bei Jâqût und Qazwinî rekonstruiren. Vieles davon hat Frähn edirt, übersetzt und kommentirt:

Frähn, Ibn Foszlans**) und anderer Araber Berichte über die Russen älterer Zeit. Petersb. 1823. Vergl. v. Rosen, Arabskaja Chrest. S. 316 u. f.

Frähn, Die ältesten arabischen Nachrichten über die Wolga-Bulgharen aus Ibn Foszlans Reiseberichten, Mém. de l'acad. impér. des sciences de St. Pétersbourg. Série 6 Tome I. 1832.

Frähn, Excerpta de Chazaris. Pétersbourg 1821.

Da Ibn Faḍlân seine Reise 911/12 machte, so geben seine Berichte, auch wenn sie bedeutend später niedergeschrieben wären, jedenfalls die Zustände jener Zeit wieder.

Abû Isḥâq al-Iṣṭachrî مسالك الممالك ed. de Goeje, Bibliotheca geographorum Arabicorum. pars I. Leyden 1870. Übersetzung von Mordtmann. Hamburg 1845. (Auch die englische Übersetzung von Ouseley, welche fälschlich den Titel Ibn Ḥauqal trägt, gehört hierher, geht aber ihrerseits zunächst auf das Persische zurück). In de Goejes Istachriausgabe liegt an mehreren Stellen und so gerade in der uns hier besonders interessierenden Beschreibung Transoxaniens der ältere und kürzere Text des Abû-Zaid al-Balchî vor. († nach Goeje 322 [?]

---

*) Wüstenfeld versetzte sein Buch ins Jahr 300; danach würde er also erst dem 10. Jahrhundert unserer Zeitrechnung angehören.

**) Nach der Aussprache eines Persers, die in Bezug auf arabische Wörter nicht maassgebend hätte sein sollen, transscribirte Frähn ﻅ durch ss.

vergl. Z. D. M. G. Bd. 25, pag. 57.) Da dieser einer Stadt ange-
hörte, die hinsichtlich des nordischen Verkehrs zu den bedeutendsten
Handelsmetropolen zählte, jener gleichfalls im Osten heimisch, weite
Reisen unternahm, was al-Balchî nicht gethan haben soll, können
wir voraussetzen, dass beide Männer über den Handel gut orientirt
gewesen. Nach de Goeje's Vermutung gab Iṣṭachrî sein Werk um
340 heraus; von seinem Leben ist nichts bekannt. Mordtmann's Text
weicht sehr von dem de Goejes ab. Über die ungemein verworrenen
kritischen Fragen siehe de Goeje, die Istakhri-Balkhi-Frage. Z. D. M.
G. Bd. 25. Leipzig 1871.

Abu-l-Qâsim Ibn Ḥauqal*) مسالك و ممالك ك ed. de Goeje. Bibl. geogr.
Arab. pars II. Leyden 1871. Von diesem Buch gewinnt man die
richtigste Vorstellung, wenn man es als eine verbesserte Auflage
des Iṣṭachrî im modernen Sinne dieses Ausdruckes bezeichnet. Das
Wichtigste für uns ist, das Ibn Ḥauqal selbst Kaufmann war. Es
ist leichter seine Zuthaten vom Iṣṭachritext, als die Iṣṭachris von dem
des Balchî zu scheiden.**)

Mas'ûdî, Murûdj edh-dhahab, herausgegeben von Meynard & Courteille
nebst französischer Übersetzung 7 Bd. Paris 1861—73. Der Titel
bedeutet übrigens nicht, wie die Herausgeber übertragen, ‚les prairies
d'or', sondern ‚Goldwäschen' (Gildemeister) Mas'ûdî starb 345 (956).

Ibrâhîm Ben Ja'qûb, Bericht über die Slawenlande vom Jahre 973,
entdeckt von de Goeje in einer Handschrift des Abû 'Obaid al-Bekrî;
arabisch herausgegeben mit russischen Anmerkungen von den Petersburger Akademikern v. Rosen und v. Kunik; mehrfach übersetzt,
so als Anhang bei Schottin Widukinds Sächsische Geschichten,
Leipzig 1882, (Geschichtsschreiber der deutschen Vorzeit, fortgesetzt
von Wattenbach. Zehntes Jahrhundert, Bd. VI).

Muqaddesî ed. de Goeje, entwirft ein beinahe in jeder Hinsicht aus-
führlicheres Bild als seine Vorgänger, Iṣṭachrî und Ibn Ḥauqal, indem
er sich zugleich als ein vielseitigerer und bedeutenderer Mann bekundet. Sein Buch stammt aus dem neunten Jahrzehnt des zehnten

*) Zur Etymologie des Namens sei bemerkt, dass die Wurzel hauqal bedeutet
die bekannte zur Interjektion gewordene Phrase ‚lâ haul walâ quwwa illâ billâh es
ist keinerlei Kraft noch Stärke ausser bei Allâh' aussprechen.

**) Zu beachten ist, dass, wie schon oben angedeutet, nicht nur zwischen
Iṣṭachrî und Ibn Ḥauqal, sondern auch zwischen diesen und anderen, wie Ibn Fadlân,
Mas'ûdî, Ibn Batûta irgend ein Abhängigkeitsverhältniss bestanden haben muss, da
alle z. B. in Betreff der Rûs, Bulgaren, Chazaren fast ausschliesslich die gleichen
Punkte hervorheben und auch in der äusseren Form, wie sie z. B. über die kurzen
Polarnächte berichten, ihre gegenseitige Beeinflussung verraten, obwohl sie alle mit
alleiniger Ausnahme Mas'ûdis sich als Augenzeugen einführen.

Jahrhunderts. Erste Auflage 375. Leider reichen seine Kenntnisse
nach Mitternacht nicht gar weit hinauf; das Gebirge der Jâdjûdj
und Mâdjûdj beginnt bei ihm schon hinter dem Chazarenreiche (pag.
355); nichts desto weniger setzen seine Nachrichten über den höhern
Norden hier noch nicht aus.

Da der Handel, welcher die Münzen der Sâmâniden an die Gestade der Ostsee führte, mit dem 10. Jahrhundert noch nicht gänzlich
verfiel, sondern, wie ich vermute, noch zur Entwickelung der Hansa beigetragen, ja trotz mannigfacher und schwerer Krisen wol his auf den
heutigen Tag fortbesteht, da ferner im Orient von jeher die Sitte*)
herrschte, Bücher früherer Autoren mit geringen Änderungen zu kopiren,
auch ohne jedesmal den Namen des Autors zu zitiren, zuweilen sogar
unbekümmert darum, ob die geschilderten Verhältnisse noch der Wirklichkeit entsprachen, müssen wir die wichtigsten späteren Geographen
nennen, obwohl wir diese nur als Notbehelf benutzen werden.

Von Lexicis und lexikalisch angeordneten Schriften seien erwähnt:
Jâqût, † 1229, geographisches Wörterbuch ed. Wüstenfeld. Leipzig
1866 u. f. 6 Bd. Vorzügliche Quelle.

مراصد الاطلاع ed. Juynboll. Leyden 1850—64. Zeit und Verfasser un-
gewiss; von Jâqût abhängig, aber kürzer, durch die Herausgabe
dieses entwertet.

Qazwinî, † 1183, Kosmographie, II. Teil, Denkmäler der Länder, herausgegeben von Wüstenfeld. 1840. Die Einteilung in sieben Klimata
ist für ein alphabetisches Nachschlagebuch unpraktisch.

Eigentliche Darstellungen der Geographie lieferten namentlich:

Idrîsî, mehrfach, doch meist unvollständig, edirt. Übersetzung von
Jaubert.

Dimeschqî, Kosmographie arab. herausgegeben von Frähn und von
Mehren; französische Übersetzung von letzterem (Lebenszeit streitig).

Abulfedâ ed. Reinaud und de Slane. Paris 1840. Nebst französischer
Übersetzung.

Ibn Batûta, herausgegeben mit französischer Übersetzung von Defré-
mery und Sanguinetti. Paris 1853—58.

Karten und Globen.

Karten haben die Araber gleich beim Beginne ihrer geographischen
Arbeiten entworfen; doch haben die mehrfach publizirten**) ältesten
des Abû Zaid al-Balchi (?) kaum selbständigen Quellenwert.

---

*) Diese Sitte ist im Orient sehr alt und sehr verbreitet; kommt auch bei der
alttestamentlichen Kritik zu Tage.

**) Bei Mordtmann (Istachri), Reinaud (Introduction), Dorn (Caspia).

Von arabischen Globen sind bis jetzt, obwohl die Kugelgestalt der Erde bereits dem Ibn Chordâdhbeh, Mas'ûdi und den lautern Brüdern bekannt war,[*] nur Himmelsgloben zum Vorschein gekommen (Museum Borgianum ed. Assemani. Germanisches Museum zu Nürnberg), welche überdies aus späterer Zeit stammen.

Litteratur.[**]

Schlözer, Nestors russiche Annalen. Göttingen 1802—9. 5 Bd.

Hüllmann, Geschischte des byzantinischen Handels bis zum Ende der Kreuzzüge. Frankfurt a. d. Oder 1808.

v. Hammer. Sur les origines russes, extraits de manuscrits orientaux. Pétersbourg 1825. (Mit Vorsicht zu benutzen).

Rasmussen. de orientis commercio cum Russia et Scandinavia in den Anniversaria in memoriam rei publicae sacrae et litterariae. Hauniae 1825. Weitere Ausführung einer dänischen Abhandlung desselben Verfassers aus Molbechs Athene. Kiöbenhavn 1814.

Frähn.[***] Beleuchtung der merkwürdigen Notis eines Arabers über die Stadt Mainz. Mém. de l'acad. impér. des sciences de St. Pétersbourg. Série 6 Tome II 1834.

Charmoy. Relation de Mas'oudy et d'auteurs musulmans sur les anciens Slaves. Ebendaselbst.

*Stüwe. Die Handelszüge der Araber unter den Abbasiden durch Afrika, Asien und Osteuropa. Mit einer Karte. Berlin 1836. (Zu seiner Zeit eine bedeutende Leistung, jetzt vielfach veraltet; auch erkennt man an einigen Kritiklosigkeiten die Erstlingsarbeit).

Reinaud. Invasions des Sarazins en France, en Savoie, en Piemont et dans la Suisse pendant les 8e 9e et 10e siècles de notre ère d'après les auteurs chrétiens et mahométans. Paris 1836.

Wüstenfeld. Litteratur der Erdbeschreibung bei den Arabern. Zeitschrift für vergl. Erdkunde Bd. I. Magdeburg 1842. (Wüstenfelds Arbeiten sind meist gelehrte Nachschlagebücher).

Saweljew. Historische Bedeutung der östlichen Münzen von arabischem Gepräge, die in Russland und den Ostseeländern vorgefunden werden. Petersburg 1847. konnte ich, weil es russisch geschrieben, nur in

---

[*] Ersterer sagt:

صفة الارض انها مدوّرة كتدوير الكرة موضوعة فى جوف الفلك كالمحّة

فى جوف البيضة

[**] Die Titel solcher Bücher, welche nur ein- oder zweimal herangezogen werden und aus deren Lektüre kein weiterer Gewinn für die Arbeit geflossen ist, sind an den betreffenden Stellen genau angegeben.

[***] Über Frähns umfangreiche Thätigkeit auf diesem Gebiet orientirt man sich am besten bei Saweljew, Leben und Schriften Frähns. Petersburg 1855.

der deutschen Inhaltsangabe „Beziehungen der muhammedanischen Numismatik zur russischen Geschichte', welche sich im 6. und 7. Bd. von Ermans Archiv befindet und in dem Aufsatz ‚Vom sprachlichen Einflusse des mittelalterlichen Handels der Russen'·(Bd. 7 desselben Archivs) benutzen.

*Reinaud. Géographie d'Aboulfeda. Tome I. Introduction générale à la géographie des orientaux. Paris 1848,

*Saweljew. Über den Handel der Wolga-Bulgaren im 9. und 10. Jahrhundert in Ermans Archiv für wissenschaftliche Kunde von Russland. Bd. VI. 1848.

Lelewel. Géographie du moyen âge. 2 Bd. Bruxelles 1852.

Tafel & Thomas. Urkunden zur älteren Handels- und Staatsgeschichte der Republik Venedig. Wien 1856 — 57. 3 Th. (Hauptsächlich Th. I, der die Jahre 814—1205 behandelt).

Weinhold, Altnordisches Leben. Berlin 1856.

*Ferdinand Keller. Der Einfall der Sarazenen in die Schweiz um die Mitte des 10. Jahrhunderts. Mitt. der antiq. Gesellschaft von Zürich. Bd. XI. 1856—57.

Engelmann. Geschichte des Handels- und Weltverkehrs. Leipzig 1859. (Unbedeutend).

W. Kiesselbach. Der Gang des Welthandels und die Entwickelung des europäischen Völkerlebens im Mittelalter. Stuttgart 1860. (Enthält sehr beachtenswerte Gesichtspunkte, welche aber von späteren ·Forschern nicht berücksichtigt wurden).

Germain. Histoire du commerce de Montpellier. Montpellier 1861.

de Maslatrie. Traités de paix et de commerce et documents divers concernant les relations des chrétiens avec les Arabes de l'Afrique septentrionale au moyen âge. Paris 1866.

*Andree. Geographie des Welthandels. 3 Bd. Stuttgart 1867—77.

Vámbéry. Geschichte Bucharas und Transoxaniens. Stuttgart 1872.

Dorn. Caspia. Über die Einfälle der alten Rus in Taberistan, Mémoires de l'acad. impér. des sciences de St. Pétersbourg, Série VII, Tome XXIII No. 1. Pétersbourg 1875.

*Dondorff. Die Normannen und ihre Bedeutung für das europäische Kulturleben. Berlin 1875. Samml. gemeinverständl. Vorträge. Heft 225.

*Alfred v. Kremer. Kulturgeschichte des Orients unter den Chalifen. Bd. II. Wien 1877. VII. Handel und Gewerbe.

**Heyd. Geschichte des Levantehandels im Mittelalter. 2 Bd. Stuttgart 1879. (Die französische Übersetzung, besorgt durch Reynaud, von welcher eben jetzt der 2. Bd. erschienen, ist dem deutschen Original entschieden vorzuziehen).

Kapitel I.

Die Juden (Armenier).

Einen ganz besonderen Einfluss auf die Erschliessung
der nordischen Handelsstrassen hatte jedenfalls die Vertreibung der Juden aus Arabien durch ʿOmar, da diese, wol
meist Kaufleute, nun nach den nördlichen Ländern, namentlich zu den Chazaren auswanderten.*) Die Karäer, welche
wir heute z. B. in Littauen antreffen, sind vermutlich auch
in nicht viel späterer Zeit durch Handelsinteressen dorthin
verschlagen.

Kiesselbach hebt S. 28 trefflich die Bedeutung der
Juden für den occidentalisch-orientalischen Handel hervor,
wenn er sagt:

‚Den auf ihren Gehöften hinlebenden Adeligen und
Bauern konnte es nicht einfallen, mit den ihnen völlig unbekannten asiatischen Handelsplätzen Geschäftsbeziehungen
anzuknüpfen. Der neue binneneuropäische Völkerhaushalt
bedurfte demnach einer ökonomisch-sozialen Beimischung,
welche ihn mit der Aussenwelt in Berührung setzte. Das
ist am Ausgange des Altertumes und am Anfange des Mittelalters die Aufgabe der heimatlosen, ewig beweglichen Juden,
von denen Augustin erwähnt, dass sie oft als junge Männer
ihre jungen Frauen verliessen und erst als Greise zu den
Greisinnen zurückkehrten. Die Weltgeschichte umfasst
manche geheimnisvoll waltenden Kräfte.‘

Wurde doch dem Juden das Reisen ungemein dadurch

---

*) Die Zahl der arabischen Juden wird grösser gewesen sein, als
man gewöhnlich annimmt; denn auch ausserhalb Medinas muss es z. B.
in Mekka deren gegeben haben, da der Anfang der 96. Sûre hebräische
Einflüsse zeigt. Siehe darüber Hirschfeld (sowie Dozy, die Israeliten zu
Mekka. Leipzig und Haarlem 1864). — Auch der Umstand, dass die
südrussischen Juden mindestens zum Teil Karäer waren, verdient Beachtung, da die Karäer der arab. Kultur näher standen.

erleichtert, dass er überall auf angesessene Brüder aus seinem
Volke traf, die sich gern mit Rat und That seiner annah-
men, was, da sie mit Sprache und Sitte des Volkes, unter
dem sie lebten, vertraut waren, für seine Handelsgeschäfte
äusserst vorteilhaft gewesen sein muss. So förderte wechsel-
weise die Diaspora der Israeliten ihre Handelsunternehmungen
und die Handelsunternehmungen die Diaspora. Daneben finden wir sie auch auf der See in eigenen Schiffen.*) Die
Araber selbst haben durch Ibn Chordâdhbehs Mund ihrem
Brudervolke diesen bedeutenden Anteil am Verkehr zuge-
standen. Wir lesen bei ihm S. 115:

‚Reisen der jüdischen Kaufleute, der Râdhâniten.**)

Dieselben sprechen persisch, griechisch, arabisch, fränkisch,
spanisch und slawisch. Sie reisen vom Abendlande nach
dem Morgenlande und vom Morgenlande nach dem Abendlande zu Lande und zu Wasser.‘

Was die Sprachenkenntnis anlangt, so ist es interessant,
hiermit die fast um ein Jahrtausend jüngere Bemerkung von
Andree I, 39 zu vergleichen, welcher sagt:

‚Der Jude ist ein gewandter Dolmetscher. Lehmann
traf auf dem Bazar in Buchara einen deutschen Juden und
der norwegische Naturforscher Hansteen einen solchen auf
einem Schiffe, welches auf dem Jenissei bis Turuchansk
fuhr.‘

Man versteht jetzt, warum Karl der Grosse seinen beiden
Gesandten an Hârûn ar-Raschîd den Juden Isaac beigab. Denn
die Juden waren die Vermittler des Verkehrs zwischen Abend-
und Morgenland; auch sollte er vermutlich als Dolmetsch

---

*) Heyd führt I, 142 eine Quelle an, aus welcher dies hervorgeht.
Karl der Grosse erkannte, am Strande stehend, ankommende Fahrzeuge
zuerst als normannische Piratenschiffe, während die andern am Strande
versammelten Zuschauer sie für Schiffe jüdischer Kaufleute gehalten
hatten.
**) Dunkles Wort.

dienen. Wie viel mehr dieser an solche Reisen gewöhnt, resp. für sie disponirt war als die Franken, zeigte sich darin, dass er allein nicht den Strapazen derselben unterlag.*) Noch möchte ich darauf hinweisen, dass der Mann, welcher am weitesten von allen Orientalen dieser Periode, die uns Berichte hinterlassen, nach Norden vordrang,**) der Jude Ibrâhîm B. Ja'qûb ist; zwar gehörte er kaum dem Kaufmannsstande an, war vielmehr nach einer Stelle seines Berichtes zu schliessen, an der er medizinische Interessen verrät, vermutlich Arzt; immerhin bleibt er ein Beispiel für die Vermittlerrolle seines Volkes zwischen Orient und Occident.

Eine vergleichende Betrachtung der wirtschaftlichen und politischen Stellung der Juden in den einzelnen Teilen des Chalifenreichs und zu verschiedenen Zeiten würde wol noch manche neue Gesichtspunkte eröffnen, führt aber zu weit.

Das Handelsvolk, welches, wie man sagt, die Juden an Verschlagenheit noch bedeutend übertrifft, die Armenier, haben zu jener Zeit noch nicht die Rolle im Osten gespielt, die ihnen heute zugefallen.***) Wenn gelegentlich von Mas'ûdî (II. pag. 33) in Trapezunt neben anderen auch armenische Kaufleute erwähnt werden, so ist das von keinem Belang, da Trapezunt nicht gar weit von der armenischen Grenze lag.

---

*) Einhardi Annales ed. Pertz. Hannover 1845. (Jahr 801) heisst es von der arabischen Gesandtschaft: qui Isaac Judaeum, quem imperator ante quadriennium ad memoratum regem Persarum (nämlich Hârûn-ar-Raschîd) cum Lantfrido et Sigimundo legatis suis miserat, reversum cum magnis muneribus nuntiaverunt. Nam Lantfridus ac Sigimundus ambo in eodem itinere defuncti sunt.

**) Er beschreibt Mecklenburg noch aus eigener Anschauung.

***) Wahrscheinlich erst durch die russische Christenprotektionspolitik im Orient, also etwa mit Peter dem Grossen.

Kapitel II.

Die Chazaren.

Indem ich eine mehr innerliche Anordnung einer äusserlich geographischen vorziehe, gehe ich von den Juden sogleich auf die Chazaren über.

Die Chazaren haben während unserer Handelsperiode nicht immer dieselben Sitze innegehabt. Zuerst stossen die arabischen Eroberer auf sie am Araxes und drängen sie gen Westen. Zu gleicher Zeit (7. Jahrhundert) entreissen ihnen dieselben Araber in Kaukasien Semender. Nunmehr wird Itil (Astrachan) die Residenz ihres Châkâns. Die Stadt lag an der Mündung des Itil (Wolga-) stromes, zu beiden Seiten desselben, kommerziell überaus günstig, weshalb sie bald eine der wichtigsten Handelsmetropolen ward, schliesslich aber von den nordischen Völkern, deren Habgier sie reizte, zerstört wurde. Nunmehr wandern die Chazaren nach der Krim aus, hier ein neues Reich begründend. Diese letzteren Vorgänge fanden noch im 10. Jahrhundert statt, so dass auch der neue Chazarenstaat für uns nicht ohne Interesse ist; doch wenden wir uns zunächst der Betrachtnng des mächtigeren alten zu. Denn es ist offenbar, dass Mas'ûdî, wenn er zwischen den Kaufleuten, welche das Land der Chazaren betreten, und denen unterscheidet, die über das Schwarze und Asow'sche Meer nach den Ländern des Rûs fahren, die Chazaren damals noch nicht die Halbinsel Krim bewohnend, überhaupt nicht am Schwarzen Meer, sondern weiter östlich denkt, im Norden des nach ihnen von den arabischen Geographen Bahr el-Chazar genannten Kaspischen Meeres.

Die Chazaren werden von den Arabern vielfach erwähnt und zwar nicht nur von den Geographen, sondern namentlich auch von den Historikern (Ṭabarî, Belâdhorî), da sie als nördliche Grenznachbarn des Reichs den Feldherren der Chalîfen wiederholt zu schaffen machten; um die Verarbei-

tung des gebotenen Materials haben sich die Petersburger
Akademiker grosse Verdienste erworben, namentlich:

Frähn (Excerpta de Chazaris) und

Dorn (Tabari's Nachrichten über die Chazaren. Mémoires, VI. Série, Tome VI, 1844).

An dieser Stelle können sie uns nur als Handelsvolk
interessiren:

Neben der günstigen Lage ihrer neuen Hauptstadt lassen
sich auch andere Ursachen der kommerziellen Bedeutung
des Chazarenstaates nachweisen. Zunächst: seine starke
Durchsetzung mit jüdischen Elementen und der mächtige
Einfluss derselben. Nachdem Harkavy (Mémoires de l'acad.
impér. des sciences de St. Pétersb., Série VII, Tome XXIV,
1877) die von dem Karäer Firkowitsch zu Tage geförderten
hebräischen Altertümer aus Südrussland, nach denen die
dortige Einwanderung der Hebräer zu Kambyses Zeiten stattgefunden, als Fälschungen erwiesen hat, hindert uns nichts
an der Annahme, dass die chazarischen Juden hauptsächlich
die von ʿOmar aus Arabien vertriebenen gewesen, die sich
nun grösstenteils nach dem Norden zu den Feinden der
Araber begaben, so dass dieses Ereignis zeitlich mit dem
Aufschwung unseres Handels zusammenfällt; doch wird auch
von dem Zuzug solcher berichtet, die aus Konstantinopel
ausgewiesen waren. (E. A., Bd. VI, pag. 439). Im achten
Jahrhundert*) trat sogar, wie ja allgemein bekannt ist, der
König der Chazaren selbst zum jüdischen Glauben über, dem
auch seine Nachfolger treu blieben.**) Über Semender, das

---

*) Jehuda Hallewi, der seinen Alchazari 1140 schrieb (vergl. Hirsch-
feld, Das Buch Al - Chazarî aus dem Arab. des Abu 'l Hasan Jehude
Hallewi. Breslau 1885. Einleitung) sagt darin: vor etwa 400 Jahren;
nach Masʿûdî fand dieses Ereignis unter dem Chalifat Hârûn - ar - Ra-
schîds statt.

**) Auch Ibn Hauqal hat davon Kunde; desgleichen Muqaddesî
(pag. 360).

an der kaukasischen Handelsstrasse lag, hat nach Iṣṭachrî's
Zeugnis ein Verwandter jener Dynastie, der sich gleichfalls
zum Judentum bekannte, geherrscht.*)   Einen ferneren
Grund für die kommerzielle Bedeutung des Chazarenstaates
— wenn nicht bereits eine Folge derselben — haben wir
in der Toleranz, mit welcher er die religiösen Gegensätze
versöhnte, zu erblicken. ‚Die Chazaren,' sagt Idrîsî,**) ‚sind
Christen, Muslims und Heiden, von denen keiner den andern
um des Glaubens willen belästigt.' Das nämliche Gemisch
der Religionen bestätigen Iṣṭachrî 220 und Muqaddesî 360.
Man vergesse nie, dass der Verkehr wegen der Sperre des
Mittelmeeres nach einer offenen Pforte suchte. Zu dem
inneren Frieden kamen teilweise noch gute Beziehungen zu
den Nachbarstaaten. Wenigstens konstatirt Iṣṭachrî (Mordtmann, pag. 104) solche zwischen Semender und Serîr.
Andrerseits machen es die Berichte Ṭabarî's wahrscheinlich,
dass mancher Dirhem nicht auf friedlichem Wege, sondern
als Teil der Kriegsbeute nach dem Norden wanderte, wie
das auch bei den Wikingerzügen der Rûs gegen Ṭaberistân
vielfach der Fall gewesen sein wird.

Der Hauptverkehr zwischen Arabern und Chazaren ging
jedenfalls über das Kaspische Meer, obwohl die oben erwähnte Masʿûdîstelle den Landweg im Auge gehabt zu
haben scheint. Schon der Name Baḥr el-Chazar lässt
darauf schliessen, dass man häufig chazarische Schiffe auf
diesem Meere antraf. Auch sagt Ibn Ḥauqal (pag. 277)
ausdrücklich von demselben:

ويُرْكَب فيه التجارات من اراضى المسلمين الى ارض الخزر

Die modernen Verhältnisse sprechen gleichfalls dafür;

*) Iṣṭachrî (Mordtmann pag. 104) sagt von Semender: Es wohnen
hier viele Muhammedaner. ihr König aber ist ein Jude, ein Verwandter
des Chazarenkönigs'.

**) Nach Hammer.

denn Andree sagt I, S. 150: ‚Der Verkehr Transoxaniens
mit Europa nimmt seinen Hauptweg über das Kaspische
Meer.‘

Bei Itil liefen dann die Schiffe in die Wolga ein.*)
Die Stadt bestand nach Ibn Hauqal zwar nur aus Holz-
häusern, zählte aber gegen 30 Moscheen. Von hier fuhren
sie, wie einerseits die Itinerarien, andererseits die längs den
Flüssen am häufigsten auftretenden Münzfunde bezeugen, den
Wolgastrom hinauf bis Bulgâr.**) Allerdings mögen viele
Kaufleute dem Landwege den Vorzug gegeben haben, den
auch Iştachrî im Itinerarium zuerst nennt; denn er dauerte
nur einen Monat. Doch war er jedenfalls beschwerlicher
wie die Flussreise, die zwar hin zwei Monate, dafür aber
zurück, weil es nunmehr stromab ging, nicht länger als
20 Tage währte. Daher wird man sich dieses Weges vielfach nur zur Heimkehr bedient haben, während man auf der
Hinreise über das Schwarze Meer fuhr,***) wofür nicht nur
Ibn Hauqal, S. 278, sondern auch Mas'ûdî, I, S. 273 spricht,
an welcher Stelle gesagt wird, dass eine Verbindung zwischen
dem Schwarzen und dem Kaspischen Meer nur durch den
Fluss der Chazaren bestehe.†) Die Vorstellung von einer
Verbindung ist wol durch die Vervollkommnung der Verkehrsstrassen hervorgerufen; in ähnlicher Weise begegnen

---

*) Man vergl. hierzu, was Muq. pag. 465 über die Landschaft
Dailem sagt: ‚Dort giebt es keinen schiffbaren Fluss ausser im Gebiet
der Chazaren.‘

**) Dass die Verkehrsstrasse nach dem Lande der Rûs und Bulgâr
nicht unbenutzt blieb, glaube ich — wiewohl es eigentlich selbstverständlich ist — aus Ibn Hauqal pag. 278 schliessen zu dürfen.

***) Dies gilt natürlich nur von den kleineren Händlern, welche
nicht auf eigenem Schiff, sondern als Passagiere reisten.

†) Ähnliches findet man schon bei den Griechen. Doch beschränkte
sich deren Handel mehr auf den Westen. Über den Pontus kehrten
ihre Kaufleute auch zurück; dorther brachten ja die Argonauten das
goldene Vlies.

wir bei den abendländischen Schriftstellern*) sowohl als bei
den morgenländischen**) der Meinung, dass die nördlichen
Meere mit dem Schwarzen in Verbindung ständen.

Ibn Faḍlân, Iṣṭachrî und Ibn Ḥauqal haben ferner überliefert, dass der Handel der Chazaren nur ein Transithandel
gewesen sei. Sie vermittelten demnach den Verkehr zwischen
dem Chalîfenreich und den Rûs und Slawen. Der Beweg-
grund, diese Vermittlerrolle zu übernehmen, war ein Zoll
(Zehent), den ihr König auf die Durchfuhr der Waaren gelegt hatte, obwohl unsere heutige Handelspolitik von dergleichen absehen würde, da, wie die Erfahrung gelehrt hat,
der Aufenthalt durchreisender Kaufleute im Lande demselben
viel mehr Geld zuführt, wenn ihre Zahl durch keinen ab-
schreckenden Zoll vermindert wird. Immerhin weist ein
solcher Transithandel schon auf entwickelte kommerzielle
Verhältnisse hin, die hier jedenfalls durch die Juden ins
Leben gerufen sind.

In Bezug auf die Nationalität der Chazaren hat
Saweljew keine bestimmte Ansicht auszusprechen gewagt
und nur so viel behauptet, dass es keine Slawen waren, was
der Germanist Prof. Weinhold (Altnord. Leben S. 99) annimmt.
Doch lässt die Endung ar darauf schliessen, dass auch dieses
Volk wie die Magyaren, Tataren, Avaren, Bulgaren zum
finnisch-tatarischen Stamme gehörte. Dass Ibn Faḍlân und
Ibn Ḥauqal (S. 281) die Verwandtschaft der chazarischen
Sprache mit der türkischen leugnen, beweist nichts, da sie
in der That schon sehr abweichend gewesen sein mag.***)

---

*) Adam v. Bremen.
**) Siehe Rasmussen.
***) Die Notiz Muq. 368: ‚Die Sprache der Chazaren ist sehr schwer
verständlich' hilft schwerlich weiter. Vielleicht lässt sich an der Hand
der einheimischen Königstitel — Istachrî (220, 4) und Ibn Ḥauqal geben
بك neben باى an — Näheres ermitteln; bek, beg, bej sind nämlich
tatarisch-türkisch und entsprechen dem arabischen emîr.

Bedenklicher ist, dass ersterer hinzufügt:

والخزر لا يشبهون الاتراك

Da wir aber nicht wissen, auf welchen Punkt der Autor
sein Augenmerk richtete, als er dieses Urteil abgab, können
wir hierin keinen Gegenbeweis erblicken, zumal Jâqût im
Art. Bunṭus (I, 746) vom Schwarzen Meer sagt:

اوله فى اطراف بلاد الترك فى الشمال

Die südrussischen Taṭaren sind noch bis auf den heutigen
Tag wegen ihrer Handelstalente berühmt, so dass Andree
sogar die Juden ihnen gegenüber als Stümper bezeichnet.

Kapitel III.

Indem ich vorläufig nur die ethnographischen Faktoren
des Handelsverkehrs zu skizziren beabsichtige, übergehe ich
jene Völker, welche wie die (vermeintlichen) Wolgabulgaren,
Burṭâs,*) Slawen u. s. w. mehr durch die Lage ihrer Wohnsitze in den Strom derselben hinein gezogen wurden,**) und
wende mich sogleich zu dem Volke, welchem neben den
Juden der bedeutendste Anteil gebührt, den Normannen.
Obwohl ich die Rûs der Araber für Normannen halte, behandle ich doch beide in getrennten Abschnitten, denn bei
der Leichtigkeit, mit der sich die Germanen überall assimi-
liren, müssen wir, da morgenländische und abendländische
Quellen über ziemlich divergente Teile der weitverbreiteten
Nation berichten, uns hüten, dieselben von vornherein durcheinander zu mengen.

Die Rûs.

Nachdem die südgermanischen Welteroberer ihr tra-
gisches Geschick ereilt, treten als Träger und Erben ihrer

---

*) Nach Dorns Caspia VI: die heutigen Tschuwaschen.
**) Sie werden bei der geographischen Betrachtung der Handels-
wege Berücksichtigung finden.

Ideen in der Weltgeschichte für sie die Nordgermanen
(Skandinavier) ein. Doch auch sie gingen bald auf die
nämliche Weise zu Grunde, weil ihr Germanentum, nach
dem Wesen der unterjochten Völker gemodelt, allmählich
verflüchtigt wurde. Über Russland ergoss sich von Schweden aus gleichfalls diese Invasion, die dortigen Normannen
sind unter dem Namen der . Waräger - Russen bekannt.
Auf Grund seiner mit Unterstützung der russischen Re-
gierung veranstalteten Ausgrabungen hat Kruse (Necrolivonica, Dorpat, 1842) von ihrer äusseren Erscheinung in
Kleidung und Schmuck ein anschauliches Bild entworfen
und dasselbe noch durch eine farbige Tafel (78) vervoll-
kommnet.

Wie verhalten sich nun die Rûs der Araber zu diesen
Waräger-Russen? Bis vor kurzem hielt man sie allgemein
für identisch. Zwar meinte Jakob Grimm, dass sie unmöglich deutscher Abkunft sein könnten, weil sie Ibn Faḍlân
als die schmutzigsten Menschen bezeichne, die Allâh geschaffen
hat (رَوْمٌ اقذر خلق الله); doch wurden schwerwiegende
Gründe nicht vorgebracht. Neuerdings aber hat Stassoff
im russischen Journal des Ministeriums für Volksaufklärung
(August 1881) die Identität der Rûs und der Waräger entschieden in Abrede gestellt. Sein Landsmann W. Golénischeff referirte darüber auf dem 5. internationalen Orien-
talistenkongress zu Berlin. [Vergl. W. Golénischeff, court
résumé de la notice de Mr. W. Stassoff, intitulée: Remarques
sur les Rous d'Ibn Faḍlân et d'autres auteurs arabes, Abhandlungen des fünften internationalen Orientalisten-Kongresses,
Erste Hälfte, II. Berlin 1882]. Eine dort versprochene
Übersetzung von Stassoff's Schrift ist meines Wissens bis
jetzt nicht erschienen. Aus Golénischeff's Referat kann man
nur so viel ersehen, dass es allerdings Schwierigkeiten
machen dürfte, einzelne Détails in den Gebräuchen der
Rûs des Ibn Faḍlân bei Germanen und Slawen nachzu-

6

weisen;*) ob aber Stassoff ein befriedigender Nachweis derselben
bei Finnen**) eigentlich gelungen ist, bleibt unklar. Einen
Punkt aber, der mehr als alles Herangezogene für ihre Ansicht
sprechen würde, scheinen beide übersehen zu haben, dass
nämlich Abulfedâ ausdrücklich sagt, die Rûs seien türkischer
Race. Dazu hat Reinaud in seiner Abulfedâ-Übersetzung
pag. 296 bereits angemerkt: ‚Ce qui est dit ici de l'origine
des Russes, et dont l'équivalent se retrouve chez d'autres
écrivains arabes,***) est en contradiction avec l'opinion qui
paraît dominer aujourd'hui ‚en Russie et d'après laquelle les
Russes ne seraient autres que les Scandinaves ou guerriers
venus des côtes de la mer Baltique dans la Russie actuelle
vers le IXe siècle de notre ère (Voyez l'excellent ouvrage de
M. Schnitzler, intitulé la Russie, la Pologne et la Finnlande.
Paris 1835 et suiv.).'

Stassoff's Meinung ist also keineswegs so originell, wie
man aus dem Referat vom 5. internationalen Orient.-Kongress
schliessen könnte. Schon Schlözer äusserte in seiner Ausgabe von Nestor's russischen Annalen über die ῾Ρῶς der
Byzantiner eine Ansicht, die der neuen Hypothese günstig
wäre: ‚Wofür die Byzantiner,' sagt er II, pag. 250, ‚diese
῾Ρῶς gehalten, sagen sie mit keiner Silbe; aber dass sie nie
daran gedacht haben, sie für die späteren Russen zu halten,
kommt mir höchst wahrscheinlich vor.'†) Der Grund, der
Schlözer zu dieser Annahme bewog, dass nämlich die Normannen damals nicht im Stande gewesen seien, das mächtige Griechenreich anzugreifen, ist so hinfällig, dass man sich
sogar wundern muss, wie dieser morsche Bau noch vor den

---

*) Z. B. das Hahnenopfer, von dem auch griechische Quellen
berichten.

**) Ich gebrauche die Bezeichnung ‚Finnen' im weitesten Sinne für
‚ural-altaische Völker'.

***) Siehe darüber Hammer, Sur les origines russes, pag. 41.

†) Nestor II, pag. 287, war anderer Ansicht.

kühnen Seekönigen des Nordens sein Dasein fristen konnte, was nur durch die normannische Söldnergarde der Griechen einigermassen erklärlich wird. Auch haben bereits Krug, Schlösser u. a. diesen Irrtum berichtigt. Siehe auch Wilken, Über die Verhältnisse der Russen zum byzantinischen Reiche in dem Zeitraum vom 9. bis 12. Jahrhundert in den Schriften der Berliner Akademie, 1829 (Hist.-phil. Klasse). Zum Überfluss will ich noch folgende Stelle aus Liudprand (Antapodosis lib. V, cap. 15) beibringen:

‚Gens quaedam est sub aquilonis parte constituta, quam a qualitate corporis Graeci vocant ῾Ροὐσιος Rúsios, nos vero a positione loci nominamus Nordmannos . . . . . Hujus denique gentis rex vocabulo Inger erat; qui collectis mille et eo amplius navibus Constantinopolim venit.' etc.

Auch wäre es höchst merkwürdig, wenn wir in Gegenden, in denen wir Normannen zu suchen berechtigt sind, plötzlich unter demselben Namen, den jene nachweislich geführt haben, ein Volk ganz anderer Race anträfen. Sodann müssen die Araber hier entschieden mit Normannen in Berührung gekommen sein, denn die Residenz ihrer Fürsten war von Nowgorod am Ilmensee nach dem südlichen Kijew verlegt, das den arabischen Geographen wohl bekannt ist. Byzanz zahlte den Wikingern Zins. Es gibt Leichensteine im hohen Norden, wie Dondorff mitteilt, welche den Verstorbenen nachrühmen, dass sie eine Grikiafahrt gemacht, oder dass ihr unternehmender Mut sie bis an die Wasser des Jordan geführt habe. In der Saga Olaf Tryggvason's (siehe Rafn, antiq. russ. II, 113) wird von Gris Sämingsson (um 1000) erwähnt, dass er bis nach Konstantinopel handelte. Heyd verweist auf eine Stelle bei Konstantin Porphyrogennetos, nach welcher die Russen bis nach Syrien schifften.

Andererseits ist aber das, was die Araber von den weiten Seefahrten der Rûs erzählen, auf finnische Völker durchaus nicht anwendbar. So wenn Ibrâhîm Ben Jaʿqûb berichtet, dass die Rûs von Westen her zu Schiff ins Land der Brûs (Preussen) kämen, um dort zu plündern. Am überzeugendsten ist folgende Stelle aus Jaʿqûbî's K. el-buldân (pag. 144): ‚Sevilla liegt an einem grossen Fluss, an dem auch Cordoba liegt, und es fielen in sie ein die Madjûs,*) welche Rûs genannt werden, im Jahre 229, machten Gefangene, plünderten, brannten und mordeten'.

Bei Ibn Chordâdhbeh finden wir russische Kaufleute gleichfalls auf dem Mittelländischen Meer im Verkehr mit Byzanz (pag. 116) und Masʿûdî II, pag. 18 schreibt dem zahlreichsten Stamme der Rûs Handelsverbindungen mit Spanien. Rom, Konstantinopel und dem Lande der Chazaren zu. Was thun wir hier mit den Finnen? Der geographischen Ausbreitung ihres Verkehrs wegen können nur Normannen gemeint sein. Noch Mirchond weiss zu berichten, dass Rûs später als seine Brüder nach langen Irrfahrten in Südrussland anlangte und den unstäten Charakter des wandernden Normannenvolkes veranschaulicht trefflich seine Erzählung, dass der Vater dem Sohn sterbend ein Schwert gibt mit den Worten: ‚Dies ist dein Erbteil.‘ Dazu stimmen ferner die Nachrichten Masʿûdî's und anderer von den kühnen Wikingerzügen der Rûs über das Kaspische Meer,**) die nach Dorn, der jene Gegenden bereiste, nur von unerschrockenen Piraten unternommen sein können.***) Auch spricht für die Identität der Waräger mit den Rûs, was Iṣṭachrî (Mordtmann pag. 106)

---

*) Eine sehr häufige Bezeichnung für die westlichen Normannen, vergl. die Zitate in Dozys Recherches. Über die Plünderung Sevilla's durch die Normannen vergl. Dorndorff, pag. 23.

**) Vergl. darüber (ausser Dorn) Frähn, Essai servant à déterminer d'une manière plus précise l'époque d'une expédition entreprise au Xe siècle par les Russes sur les côtes de la mer Caspienne. Journal asiatique, Tome II. 1828.

***) Was die dortigen Turkmenen allerdings auch waren.

sagt: ‚Ihr König wohnt in Kuthaba,*) welches grösser ist
als Bulgar.' Nach Nestor wurde ja dieses bald nach Holmgard (Nowgorod) die Residenz der Warägerfürsten. Ibrâhîm
B. Ja°qûb ferner sagt von den Slawen (Ausg. von v. Kunik
und v. Rosen S. 33), dass sich ihre Sitze vom syrischen Meer
bis zum Weltmeer erstrecken. ‚Doch haben,' fährt er fort,
‚Stämme aus dem Norden sich eines Teiles dieser Länder
bemächtigt und wohnen bis auf den heutigen Tag zwischen
ihnen.' Von einem solchen finnischen Weltreich wissen
wir aber nichts. Es können nur Normannen gemeint sein.
Dazu kommt noch eine Stelle bei Ibn Abî Ja°qûb, der in
seinem bibliographischen Werk K. elfihrist (ed. Flügel,
Leipzig, 1871, 2. Bd.) einen einleitenden Teil über die verschiedenen Schriftsysteme vorausschickt, welchen er mit
Proben illustrirt hat. Pag. 40 findet sich nun folgende
Notiz, bei der jeder sofort an nordische Runenschrift erinnert
wird:

‚Die russische (Schrift). Jemand, dessen Worten ich
trauen darf, erzählte mir, dass einer von den Königen des
Kaukasusgebirges ihn an den König der Rûs geschickt habe;
und er gab an, diese hätten eine Schrift, die in Holz eingeschnitten werde. Dabei zog er ein Stück weisses Holz
hervor, das er mir hinreichte. Auf demselben standen
Charaktere (eingeschnitten), von denen ich nicht weiss, ob
sie Wörter oder einzelne Buchstaben darstellten.' (s. Frähn,
Ibn Abi Jakubs Nachricht von der Schrift der Russen im
X. Jahrhundert n. Chr. Mém. VI. Série. Sciences politiques.
Tome III.)

Auf die folgende Zeichnung lege ich wegen der jedenfalls grossen Entstellung kein Gewicht. Der Verfasser gab
vielleicht nur den Gesammteindruck wieder, den er nach ein-

---

*) Kijew. de Goeje liest كرياب was jedenfalls dem كرتاب vor-
zuziehen. Die zitirte Stelle befindet sich in seiner Ausgabe pag. 225—26

maligem Ansehen von der Schrift erhalten hatte und welcher
in der That dem nordischer Runen nicht ferne steht. Frähn
hat Zeichen für Zeichen vergleichend eine Verwandtschaft
mit den sinaitischen (!) Inschriften herausgefunden.

Heyd hielt übrigens die Rûs zum Teil ihres palmen-
gleichen Wuchses wegen, den ihnen Ibn Faḍlân nachrühmt,
für Normannen, was allerdings Beachtung verdient, da die
finnischen Völker fast durchgängig von kleinerer Statur sind.
Wertvoller ist die Schilderung der Bestattungsgebräuche,
welche man gleichfalls bei Jâqût findet. Für das Meiste davon lassen sich Parallelen aus nordischen Quellen beibringen;
so für den Unsterblichkeitsglauben, die Bestattung der Helden
im Schiff u. s. w. Das neuerdings in Norwegen aufgefundene
Wikingerschiff hatte gleichfalls zur Beisetzung eines Toten
gedient.*) Dass die Gattin mit dem Gatten stirbt, ist gewiss
altgermanische**) Sitte; sie hat sich in der Sage von
Sigurd und Brynhild erhalten, und noch in einem Eddaliede
tadelt letztere die Gudrun, dass sie nicht beim Tode des Ge-
mahls mit ihm den Holzstoss teile; Sigmunds Schwester
zündet selbst das Haus ihres Ehegatten an, aber stirbt auch
mit ihm freiwillig der Sitte gemäss in den Flammen. Diesen
Zeugnissen gegenüber werden hoffentlich Einwände wie die,
dass, während Ibn Faḍlân Fussringe als Schmuck der rûsischen
Frauen erwähnt, Kruse trotz seiner reichen Ausbeute in den

---

*) Man könnte einwenden, das Schiff wird bei Ibn Fadlân ver-
brannt, hier vergraben. Obwohl uns nun die Funde naturgemäss nur
über letzteren Brauch Aufschluss gewähren, .haben wir doch auch für
den ersteren und noch andere verwandte Formen Belege; so wird Bal-
dur nach der nordischen Mythe auf seinem Schiffe verbrannt. Vergl.
übrigens zu dem ganzen Passus bei Ibn Fadlân: Simrock, Deutsche
Mythologie, 5. Aufl., pag. 602 u. ff., ferner Archiv für Anthropologie,
Bd X, pag. 87.

**) Höchstwahrscheinlich sogar indogermanische, die sich bei den
Nordgermanen lange erhalten hat.

Gräbern, die er den Waräger-Russinnen zuschreibt, dergleichen nicht gefunden hat, für unbedeutend erachtet werden. Die Anthropologie ist noch eine junge Wissenschaft. Auch daraus, dass die Erthâ von arabischen Schriftstellern zu den Rûs gezählt werden, Ersa aber noch heutzutage der Name eines Mordwinenstammes ist, sollte man nicht auf die türkische Abkunft der Rûs schliessen. Denn die orientalischen Autoren hatten keine ethnographischen Studien gemacht, vielleicht lag ihnen sogar der Gedanke einer gemeinschaftlichen Abstammung als Einteilungsprinzip vollkommen fern, so dass die Nachricht nur so viel sagen will, als: die Erthâ waren den Rûs tributpflichtig, wie auch Saweljew erklärt. Kommt doch unter den Stämmen der letzteren auch ein Name vor, in dem man mit einiger Sicherheit die Littauer vermutet. Schliesslich beginnen sich hier die Vorstellungen der Araber bereits zu verwirren. Auch steht dem Zeugnis Abulfedâs und der andern das wichtigere Ibn Chordâdhbehs gegenüber, welcher sagt:

فاما التجار الروسيون فهم جنس من الصقالبة

Dennoch scheint mir aus den besprochenen Berichten hervorzugehen, dass das normannische (heidnisch-germanische) Element unter den Rûs zur Zeit ihrer intensivesten Berührungen mit den Arabern noch vorherrschend war. Allerdings trat der Slawisirungsprozess ungemein schnell ein und war schon unter Ruriks Urenkel Wladimir eine vollendete Thatsache. Da die Normannen überhaupt, wo wir sie beobachten können, bald in der Art der unterjochten Völker aufgingen, so macht das von Stassoff gesammelte Material wahrscheinlich, dass sich dieses partiell auch im Gebiete finnischer Stämme zugetragen. In diesem Sinne mag sich der russische Forscher grosse Verdienste erworben haben; darauf wird man auch die Ansicht des Grafen Uwarow († Moskau) zurückzuführen haben, der Rûs für einen Kollektivnamen erklärte*). Ja, noch eine dritte Parallele scheinen uns die arabischen Geographen an die Hand zu geben. Muq. sagt pag. 361 von den Bewohnern von Itil:

ثم سمعت جيش**) من الروم يقال لهم الروس غزوهم وملكوا بلادهم

Vielleicht ist hiermit die Stelle pag. 355 zu kombiniren, wo er von dem Chazarenlande sagt:

‚An ihrem äussersten Ende ist das Gebirge der Jâdjûdj und Mâdjûdj und an ihrer Grenze die Länder der Rûm.'

Allerdings wird es schwer zu entscheiden sein, ob die Rûs hier Rûm genannt werden, weil sie sich zur griechischen Kirche bekannten, oder aber, weil sie durch ihre Söldnerdienste in Byzanz und die kommerziellen Beziehungen zu dieser Stadt vielfach graecisirt waren.***)

Die Normannen.

Die Frage nach der Nationalität der Rûs musste eingehend behandelt werden, da sie von grundlegender Bedeutung für alles Folgende ist. Von vornherein war es klar, dass arabische Münzen nach Island nur durch die Normannen gelangt sein können. Aber nunmehr wird die Grossartigkeit des Verkehrs verständlicher, nachdem wir gesehen, dass es ein†) Volk war, welches die Gestade der Ostsee beherrschend, seine kriegerischen Kaufleute einerseits bis nach Grönland und weiter, andrerseits bis nach dem kaspischen Meere, ja

---

*) Vergl. Stiedas Bericht über den Anthropologen-Kongress zu Odessa. (Archiv für Anthropologie).

**) Ich vermute: جنّش

***) Eine graphische Entartung des روس in روم wäre freilich auch recht wohl denkbar und durch Analogien zu belegen.

†) Ja'qûbî S. 144 rechtfertigt diese Behauptung: Ost- und Westnormannen standen sich noch so nahe, dass die Araber eine gemeinschaftliche Benennung suchten.

vielleicht bis nach Baġdâd selbst entsandte.*) Von unseren
fünf Erdteilen haben nicht weniger denn vier die Landung
ihrer Wikingerschiffe gesehen. Europa ihre Heimat, Asien
an zwei Stellen: in Ṭaberistân und Syrien, Afrika, vergl. darüber Sebastianus (Bischof von Salamanca) Script. Rer. Dan.
I, 552 [Frähn, Ibn Foszlan S. 249—50] Dondorff S. 23.**)
In Amerika hatten sie sogar Niederlassungen gegründet.
Dabei wird von vielen Unternehmungen keine Kunde zu uns
gedrungen sein. Noch heute sind es Enkel jener Normannen,
welche die Welt beherrschen; auch die Idee des englischen
Kolonialreichs: selbständig-nationale Entwickelung der einzelnen Besitzungen ist altes Vermächtnis, ein Ausfluss echt
germanischen Wesens.

Doch hat der normannische Handel einen weitaus anderen
Charakter wie der arabische, und die Bezeichnung der Normannen als ‚Phöniker des Nordens‘, welcher man mehrfach
begegnet, könnte zu Missverständnissen Anlass geben. Die
Worte des Tacitus, dass es die Germanen für schimpflich
hielten, das, was man mit Gewalt eintreiben könne, auf friedlichem Wege zu erlangen, gelten, etwas modifizirt,***) noch
von den Normannen. War ihnen doch (wenigstens ursprünglich — allmählich macht sich auch hier der leicht zersetzende
Einfluss der Fremde auf die Germanen fühlbar —) der
pekuniäre Vorteil nie alleiniger Zweck, sondern, von Aben-

---

*) Wenn nämlich bei Ibn Chordâdhbeh pag. 116 خَبَرَا und nicht
خِيلوا zu punktiren ist.

**) Obwohl sie auf spätere Zeit Bezug nimmt, mag hier doch fol-
gende Notiz aus Weinhold (S. 114) Platz finden: Im 13. Jahrhundert
waren Verbindungen zum Handel zwischen dem norwegischen König
Hakon Hakonson und dem König von Tunis angeknüpft; schon im 12.
Jahrhundert benutzten skandinavische Kaufleute den Markt von Alexan-
drien. (Petersen, nordiske Geografi, 121).

***) Man muss nämlich selbstverständlich die bekannte Unfähigkeit
der Römer (und Romanen), fremde Verhältnisse zu erfassen und zu be-
urteilen, in Rechnung ziehen.

teuerlust und Thatendrang getrieben, nicht mit Tauschwaaren
reichlich beladen, aber mit dem Schwert in der Faust, segeln
diese kühnen Seefahrer hinaus nach unbekannten Zonen.
Vom Krämer verlangen sie den Tribut, denn sie sind Könige
des Meers und er ist Sklav des Gewinns: aber gelegentlich
beladen auch sie mit den Gütern der Fremde ihr Schiff,
nicht sowohl, um sie mit Profit wieder zu verhandeln, sondern
weil Reichtum und Freigebigkeit daheim Ehre und Ansehen
verleihen: sind doch die Schätze meist nicht mit Geld, sondern mit Blut erkauft. In ähnlicher Weise, wie ihre Wikinger-
fahrten*) auf dem kaspischen Meere viel dazu beigetragen
haben werden, die arabische Münze nach dem Norden zu
bringen, mögen sie auf der Ostsee ihre weitere Ausbreitung
gefördert haben. Dennoch dürfen wir sie uns nicht einseitig
als gewaltthätige Seeräuber vorstellen**) und namentlich nie
vergessen, dass die christlichen Quellen gegen die heidnischen
Normannen parteiisch sind. Sie berichten naturgemäss fast
ausschliesslich von blutdürstigen städteverbrennenden Piraten,
doch findet sich in den altisländischen Sagas manche Erwähnung durchaus friedlicher Handels - Unternehmungen.
‚Könige,' sagt Weinhold S. 115, ‚scheuten sich nicht, als
Geschäftsgenossen durch eingelegte Gelder mit Kaufleuten
sich zu verbinden, und Königssöhne erwählten zugleich das
friedliche Geschäft. . . . . Zwar hören wir die Äusserung,
dass Männer, die zum Häuptling geboren, nicht Krämer
werden sollten, ja dass ein Dienst bei Vornehmen anständiger
sei als Handel treiben. . . . . Doch müssen wir einwenden,
dass die stolzesten und mannhaftesten Wikinger zugleich
Kaufgeschäfte trieben und auch weitberühmte Skalden, wie
Halfred Vandraedaskald und Sighvat solches Leben nicht

---

*) Die Normannen unternahmen den Zug, von dem Mas'ûdî be-
richtet, mit 500 Schiffen.
**) Exklusive Piraten brauchen kein Geld.

verschmähten.' Am besten lernen wir die doppelte Seite
ihres Wesens aus der Kudrun kennen,*) deren Sagengehalt
aus altnormannischen Zuständen herausgewachsen ist. Trieb
doch die Nordgermannen zum Teil der spärliche Ertrag ihrer
rauhen Heimat aufs Meer hinaus. ,Die Ernte, die jene nur
zu häufig versagte, musste dieses gewähren.'**) ,Im Sommer,'
bemerkt Dondorff, ,ist der Wikinger Seeräuber, im Winter
bedächtiger Kaufmann im Frieden eines Hafens'. Und der
Dichter des Hávamál, der überhaupt ein sehr vorsichtiger,
misstrauischer Charakter gewesen zu sein scheint, sagt schlau
berechnend:

,Magran mar kaupa, en maeki saurgan
Kauf mager das Ross und rostig das Schwert.'

Übrigens sind die Normannen in Nordfrankreich und
Unteritalien nicht unthätig geblieben. Namentlich letztere
haben, wie wir bereits gesehen, die Mittelmeerstrassen von
neuem dem Verkehr erschlossen, eine folgenschwere Revolution,
welche für den östlichen Handel harte Krisen herbeiführte. Waren
sie doch allein für jene 'Aufgabe befähigt, denn in Sicilien
und Unteritalien war ein christlich-muhammedanischer, ger-
manisch-arabischer Mischstaat***) entstanden; arabisch hinsichtlich des Gros der Unterthanen, germanisch hinsichtlich
der Beherrscher, doch auch dies in beschränktem Grade;
denn die Normannen haben auch hier wie überall den echt
germanischen Charakterzug der schnellen Assimilirungsfähigkeit an fremde Nationalität bekundet. Dozy und de

---

*) Auch aus dem älteren Rother; doch schildert dieser mehr die
Zustände auf dem Mittelmeer, die uns weniger interessiren.

**) Adam v. Bremen (de situ Daniae): Itaque rei familiaris inopia
coacti, totum mundum circumeunt et piraticis raptibus amplissimam
terrarum facultatem reportant domum, penuriam suae regionis tali modo
sustinentes.

***) Oder, wenn man will, romanisch-arabischer, doch giebt die Sprache
nicht den Ausschlag, sondern der Charakter.

Goeje sagen (in der Vorrede ihrer Ausgabe aus Edrîsî.
Leyden 1865) über diesen Gegenstand:

On peut même dire que ces princes étaient à demi arabes:
leur manière de gouverner, le cérémonial de leur cour, leurs
diplomes, les légendes de leurs monnaies, tout enfin, jusqu'aux
inscriptions de leurs palais, portait à un très-haut degré
le cachet oriental; même le harem ne leur manquait pas.*)

Kapitel IV.
Der Ausgangspunkt und die Wege des Verkehrs.

a. Mâ-wara-'-n-nahr und die Sâmâniden. Chowarezm.

Die Hauptrolle hat bei dem Verkehr, wie wir aus den
Münzfunden ersahen, das Reich der Sâmâniden gespielt. Es
muss nach Iṣṭachrîs und Ibn Ḥauqals (pag 355 u. f.) Schilderung ein herrliches Land gewesen sein, das sie beherrschten,
reich an Gütern aller Art, zum Teil wol eben schon durch
seinen ausgebreiteten Handel. Doch konnte sich dieser um
so leichter entwickeln, da Transoxanien selbst Güter zum
Austausch in Fülle erzeugte; so müssen wir namentlich
seiner grossartigen Seidenindustrie gedenken.**) Ausserdem

---

*) Ausführlicher handelt darüber Dondorff, pag. 28.
**) Vergl. z. B. Neumann, Über orientalische Seide im Mittelalter.
Österr. Zeitschr. für den Orient, VII. Jahrg. 1831, pag. 92 u. f.:
‚Aber an den Küsten des caspischen Sees liegt das zweite Heimat-
land des Seidenspinners, der freilich hier nicht weisse, sondern gelbe
Cocons spinnt. Noch im 10. Jahrhundert, da der grosse arabische Geo-
graph Istachri schrieb, gab es wilde Seidenspinner in Armenien und
es wurden Cocons nach Persien und Kurdistan ausgeführt. . . . . Diese
Länder trieben denn auch unter den Arabern einen schwunghaften
Handel mit Eiern, Cocons und Rohseide, da die in Chorasân und in diesen
Gegenden erzeugte Seide als die beste von Westasien galt'.

kommt die Nachbarschaft Indiens in Betracht, dessen Schätze
von jeher die treibende Kraft in der ganzen Handelsgeschichte gewesen sind. Werden doch die östlichen Teile
des Chalîfenreichs von einer geraden Linie, die man zwischen
dem baltischen Meer und Indien zieht, durchschnitten. Auch
haben wir uns die Bewohner dieser nordöstlichen Gegenden
des arabischen Weltreichs nicht als Barbaren, sondern im
Gegenteil als eine geistig überaus rege Bevölkerung vorzustellen. Sie verhielten sich nicht etwa blos rezeptiv, sondern
haben thätig geschafft am Werke arabischer Kultur. Schon
unter den ältesten islâmischen Gelehrten begegnen uns
vorwiegend Männer aus jenen Ländern, wie Fergânî, Abû
Ma'schar (aus Balch), al-Balchî und andere, von den folgenden aber brauchen wir nur an Namen wie Ibn Sînâ und
Ṭabarî*) zu erinnern. Der Philosoph Ġazzâlî,**) der einen
mächtigen Einfluss auf die gesamte geistige Entwickelung
des Islâm übte, indem in ihm die Philosophie sich selbst
vernichtete, war in Ṭûs geboren.

Die kräftig aufstrebende Sâmânidendynastie hatte schon
in ihrem eigentlichen Begründer Ismaʿîl (B. Aḥmed 280—95
d. Fl. 893/4—907 n. Chr.) einen Fürsten gefunden, der es
verstand, der Krone Macht und Glanz zu verleihen. Sein
Name wird noch heute, wie Vámbéry berichtet, von den
Tâdjiks***) Buchârâs gleich dem eines Heiligen verehrt.†)
Und mit Recht; denn er war ein mächtiger Förderer der
materiellen und ideellen Wohlfahrt seines Volkes. Wie sehr
übrigens beides, in Wechselwirkung stand, mögen wir daraus
abnehmen, das al-Buchârî, der berühmteste Rechtsgelehrte
der Araber, obwohl er die Tage des politischen Glanzes seiner

*) Der zwar kein Transoxanier war, jedoch auch aus jenen Gegen-
den stammte, in denen der Handel blühte.
**) So und nicht Ġazâlî soll man nach Gosche schreiben.
***) Iranischer Volksstamm.
†) Gesch. Bucharas oder Transoxaniens. Bd. I, pag. 77,

Heimat erst herrannahen sah, nach Ibn Chillikâns*) Zeugnis
70000 Zöglingen aus seinem Hauptwerke Unterricht erteilte.
Das veranschaulicht am besten, wie damals die Jünger der
Wissenschaft von fern und nah an den hohen Schulen Transoxaniens zusammenströmten.**) Auch sonst fand ein lebhafter Fremdenverkehr statt. Iṣṭachrî erzählt (Mordtmann
pag. 124) darüber folgendes:

,Von ihrer (nämlich der Bewohner von Mâ-wara-'n-nahr)
Gastfreiheit zeugt, dass oft 100—200 Menschen mit ihren
Lasttieren und Dienern unerwartet in ein Haus kommen,
wo sie für sich und ihre Tiere hinreichende Nahrung finden,
ohne dass sich der Herr des Hauses um sie bekümmert. Es
giebt in Mawarennahr keinen Wasserplatz, keine Wüste und
kein Dorf, wo nicht Wirtshäuser wären, um daselbst einzu-
kehren. In Samarqand sind über 1000 Stellen, wo Eiswasser
verteilt wird.'

Von dieser Stadt rühmt er später (Mordtmann pag. 131)
als besondere Merkwürdigkeit, dass die meisten Strassen
daselbst mit Steinen gepflastert seien. Das lebhafte Treiben
und die Vorzüglichkeit der Verkehrsmittel in Transoxanien
erregten in gleicher Weise die Bewunderung Ibn Ḥauqals.
Auch Muqaddesî äussert sich (S. 261) anerkennend über die
Gastfreundschaft, die in Haiṭal (bei ihm = Mâ-wara-n-nahr)
geübt wurde. Wichtig ist für uns auch folgender Zug aus
dem Leben Isma'îls, den Vambery I, pag. 76, mitteilt:

,Als er einmal vernahm, man bediene sich in Reï eines
grösseren Gewichtes zur Einsammlung der Steuer, sandte er
sofort einen Boten dahin, der die Gewichte versiegelt nach

---

*) Ausgabe von Wüstenfeld Nr. 580 (Ibn Chillikân hat ein grosses
biographisches Werk geschrieben).

**) Trotzdem Mâ-wara-n-nahr ein Sitz arabischer Kultur, haben wir
uns dennoch die Arabisirung des Landes keineswegs als vollkommen
durchgeführt vorzustellen, so dass die eigentliche Landbevölkerung um
so ungehinderter mit stammverwandten Nachbarn in Verkehr treten konnte.

Bochara zu überbringen hatte, und das Steueramt blieb in
Reï so lange geschlossen, bis Ismaʿîl von den Gewichten
das überflüssige Erz abschneiden und sie dahin zurücksenden
liess.'

Derartiges Vorgehen eines orientalischen Herrschers
muss für das Aufblühen des Handels von überaus segens-
reicher Wirkung gewesen sein.

Selbst im Winter stockte der Verkehr nicht, sondern
das Eis des Oxus und Jaxartes vermochte, wie uns Qazwînî*)
berichtet, 2 Monate hindurch Karawanen zu tragen.

Zwar hatten zu Ibn Baṭûṭas Zeit die nördlichen Handelsstrassen durch den Aufschwung des Seeverkehrs sehr gelitten; nichts desto weniger versetzte die Pracht Samarqands
auch ihn noch in Staunen (III, pag. 52), obwohl es damals
schon, wie er selbst sagt, zum grössten Teil aus verfallenen
Ruinen bestand. Auch er rühmt die Gastlichkeit der Bewohner.

Übrigens war Mâ-wara-n-nahr nicht nur für den Waarenvertrieb nach Russland, sondern in gleicher Weise für den
nach Byzanz ein wichtiger Mittelpunkt. (Hüllmann, pag. 7).

Neben, dieser Provinz bildete das westlich von ihr gelegene Chowarezm einen Hauptausgangspunkt für den nordischen Verkehr. Masʿûdî sagt II, pag. 16, von den بُرْغَز**)

---

*) In Ethés Übersetzung (Leipzig 1868) S. 363: Ibn Fadlân berichtet
in seinem Traktat, dass er den Oxus (جيحون) gesehen, wie er schon
17 Spannen tief gefroren gewesen. Allâh aber weiss besser, ob es sich
so verhält. . . . . Und wenn die Eisdecke dieses Flusses ganz fest ist,
so passiren Karawanenzüge, Kälber und Rinder dieselbe und es besteht
zwischen ihm und dem Erdboden dann kein Unterschied mehr und auf
ihm lagert sich der Staub gerade so deutlich, wie es in den weiten
Ebenen der Fall ist; so bleibt es ungefähr 2 Monate.

Und vom Jaxartes heisst es S. 370:

Er gefriert im Winter und die Karawanen gehen über seine Eisdecke hin, wie es oben beim Oxus berichtet ist.

**) Jedenfalls eine dialektische Nebenform für Bulĝâr, vergl. den

,Und die Karawanen gehen unaufhörlich von ihnen nach
Chowarezm, welches ein Theil von Chorasân ist und von
Chowarezm zu ihnen. Da sich der Weg aber durch Steppen,
die von andern Türkenstämmen bewohnt sind, zieht, so reisen
die Karawanen mit Bedeckung.'

Und Iṣṭachrî berichtet von Chowarezm (Mordtmann
pag. 129):

,Die Einwohner sind reich und freundlich; von allen
Bewohnern Chorasâns sind sie die grössten Reisenden.'

Doch wäre es ein Irrtum, aus dem Grunde, dass Sâmânidenmünzen bei uns vorwiegend vertreten sind, folgern zu
wollen, dass die Waaren nicht weit über die Nordostmarken
des Chalîfenreichs hinausgelangten. Vielmehr bezeugt Ibn
Chordâdhbeh (pag. 116) ausdrücklich, dass rûsische Handelsartikel auf den Markt von Baġdâd kamen. Überhaupt haben
wir die Residenz der Abbâsiden als den grossen Stapelplatz
des Welthandels anzusehen;*) sagt doch auch Ja'qubî, dass
nach ihr die Schätze strömten:

,Von Ost und West, aus den Ländern der Gläubigen
und der Ungläubigen; und man importirt nach ihr aus Hind
(Indien) und Sind und China und Tibet und Turkestân und
Deilem und Chazar und Abessinien; es ist da von den Erzeugnissen der Länder sogar mehr als in jenen Ländern
selbst zu finden.'

Doch noch weit über Baġdâd hinaus wanderten teilweise die Güter des Nordens durch die Länder der Muhammedaner, meist wol über Mekka, bis zum äussersten Maġrib,
nach Spanien, ja vielleicht zu den Franken. Die Geschichte

Namen der donaubulgarischen Stadt Burgas. Jâqût giebt bereits die
richtige Erklärung, dass Mas'ûdîs برغر mit dem Bulġâr anderer Geogr.
identisch sei. Wüstenfeld hat übrigens برغر

*) Andree bezeugt ähnliches vom modernen Bagdad (I, pag. 153):
,Bagdad ist auch heute eine der wichtigsten Handelsstädte Asiens, von
wo aus die Waaren über weite Strecken sich verteilen.'

solcher Lehnwörter wie kâhrubâ, semmûr*) liefert dafür den Beweis.

b. Das Wolgagebiet.

Dem russischen Mönch Nestor, der um 1100 im Höhlen-kloster zu Kijew lebte, sind die Handelsstrassen noch wohl**) bekannt, wenn er erzählt (II, 92): ‚Solchergestalt kann man aus Russland auf der Wolga zu den Bolgaren und Chwalisen reisen und gegen Osten in das Loos der Semiten gelangen; auf der Düna aber zu den Wa-rägern, von den Warägern nach Rom und von Rom zu dem Geschlechte Chams. Der Dnjepr ergiesst sich durch drei Mündungen in das pontische Meer, welches Meer auch das russische genannt wird'.

Nach den Berichten der Araber müssen wir die Wolga für die wichtigste Verkehrstrasse nach Norden halten. Auf ihr kam man zunächst ins Land der Chazaren, über die wir bereits gehandelt haben; von den Chazaren aber zu den Burṭâs, die der Hauptsache nach auf dem linken Ufer des Stromes sassen. Man kann mit ziemlicher Sicherheit be-haupten, dass sie von Landesprodukten hauptsächlich Honig und Wachs in den Handel brachten. Denn einerseits werden diese Dinge als Handelsartikel beim nordischen Verkehr von Ibn Faḍlân, Iṣṭachrî, Ibn Ḥauqal (pag. 231) und Muqaddesî (pag. 325) genannt; andrerseits sind die Tschuwaschen noch heute als Bienenzüchter bekannt. Das widerspricht nicht der Angabe Muqaddesîs (pag. 355), der Honig speziell als Reichtum des Chazarenlandes nennt. Auch aus nördlicheren Gegenden wurde er exportirt; so hatte nach Ibrahîm Ben Jaʿqûb das Reich des MSCHQH (westlich von den Rûs, südlich von den Brûs) an ihm Überfluss. (Kuniks al-Bekrî S. 36).

---

*) Über zamor im Span. siehe Dozy und Engelmann pag. 365.
**) Gleichfalls ein Beweis, dass der Handel nicht mit dem zehnten Jahrhundert aufgehört.

7

Der Bedarf muss im Orient ein grosser gewesen sein; man
gebrauchte den Honig nicht nur in der Medizin (Ibn Baiṭâr),
sondern auch zu anderen Zwecken, z. B. als Zahnreinigungs-
mittel, mit Essig vermischt. Andrerseits beschränkte sich
der Handel der Burṭâs nicht auf diese Erzeugnisse. Dass
sie vielmehr auch die kostbaren Güter des Nordens, wol
namentlich Rauchwaaren, dem Morgenland überlieferten, beweisen die Verse Firdûsîs:

نُخُست که بنهاد گنج عروس

زچین وزبرطاس وزروم وروس

Zuerst legt er an den Schatz der Braut
Von China und von Burṭâs, von Rûm und von Rûs.
(nach Hammer-Purgstall, Wiener Jahrbücher der Litteratur,
Bd. IX. 1830). Nach Masʿûdî (II, 16) scheinen namentlich
Fuchspelze aus dem Lande der Burṭâs gekommen zu sein;
die schwarzen, welche im Chalifenreich besonders geschätzt
wurden,*) nannte man sogar ‚burṭâsische‘, womit allerdings
aber noch nicht bewiesen ist, dass diese Tiere im Lande der
Burṭâs vorkamen.

Weiter stromauf gelangte man nach
Bulğâr. Durch Frähn, Stüwe und andere ist die Vorstellung
erweckt, dass der Hauptanteil am nordisch-baltischen Handel
den Wolga-Bulğâren gebühre, über die aus arabischen Quellen bereits viel Material gesammelt wurde. Doch muss ich
darauf aufmerksam machen, dass derjenige Autor, welcher
hier am eingehendsten Bescheid weiss, Ibn Faḍlân, es offen-

---

*) Schwarzes Pelzwerk scheint überhaupt mit Vorliebe getragen
worden zu sein; wahrscheinlich färbte man sogar Zobel schwarz. Die
schwarzen Hasenfelle sind nach Ibn Baitâr die besten. Diese Neigung
erklärt sich vielleicht daraus, dass schwarz die Farbe der Abbâsiden
war, nordische Pelze aber wol ausschliesslich von reichen hoffähigen
Leuten gekauft werden konnten. Daher überbrachte wol auch der bul-
gârische Königssohn, welcher die Pilgerreise machte, dem Chalifen
schwarze Häute oder Pelze zum Geschenk.

bar vermeidet, das Volk mit Bulġâr zu bezeichnen. Er
spricht nur von dem König der Slawen, wenn er den Fürsten
meint, zu dessen Reich die Stadt Bulġâr gehörte. Frähn
(Ibn Foszlan pag. 69) setzt sich darüber kurz hinweg mit
den Worten: ,Man hat den König der Bulgaren an der Wolga
zu verstehen.' Bei Muqaddesî wird Bulġâr viermal genannt,
jedoch stets nur als Name einer Stadt: pag. 51, 325, 355
(als Stadt der Chazaren) und 361. Auch weiss er nichts
davon, dass Suwâr, welches er dreimal erwähnt 51, 355*),
361 im Lande dieser Wolgabulġâren liege; Iṣṭachrî verrät
pag. 225**) dieselbe Unwissenheit. Jâqût endlich sagt ausdrücklich:

Bulġâr . . . Stadt der Slawen u. s. w. und Art. Itil (I, 112):
der Slawen, und sie sind die Bewohner von Bulġâr.

Zwar kennen die Araber auch ein Volk Bulġâr, meinen
aber mit diesem Namen in den weitaus meisten Fällen die
Donaubulgaren; vielfach fliessen jedoch die Vorstellungen von
der Wolgametropole und dem gleichnamigen Handelsvolk
im Norden Konstantinopels in einander. Obwohl nun Bulġâr
häufig als Völkername übersetzt und aufgefasst wurde, wo
ich nur an die Stadt und ihre Bewohner denke, will ich
doch nicht verschweigen, dass dieses Wort bei Iṣṭachrî in
Parallele mit Rûs und Burṭâs vorkommt. Nicht in Abrede
zu stellen ist ja der Umstand, dass Völker finnischer Abkunft,
Brüder der damals bereits slawisirten Donaubulgaren, Väter
der heutigen Mordwinen in und um Bulġâr sassen***) und
der Name dieser Stadt eine Hinterlassenschaft des nach
Südwest gezogenen Volkes ist. Dass aber noch ein nationales
Reich der Wolgabulgaren mit den Hauptstädten Bulġâr und

---

*) In de Goejes Indices ist hier ein Druckfehler (255).

**) Suwâr kommt nur dies eine Mal bei ihm vor.

***) Das bestätigt Mas'ûdî. Auch stimmt dazu die Notiz Istachrîs
und Ibn Ḥauqals: ,Und die Sprache der Bulgâren ist wie die Sprache
der Chazaren.'

Suwâr bestand, dafür finde ich wenigstens in arabischen
Quellen nicht die genügenden Anhaltspunkte. Überhaupt
scheint es mir fraglich, ob wirkliche Bulgaren oder nur
Mordwa zurückblieben; denn dass der Name eines längst
verschwundenen Volkes oft an der Scholle (und deren neuen
Insassen) haften bleibt, ist eine bekannte Thatsache.

Der erörterten Bedenken halber beschränken wir uns
auf eine kurze Schilderung der Stadt, von der Stüwe (pag.
265) etwas unvorsichtig behauptet: ‚Der neue Reisende sucht
vergeblich noch einige Trümmer von jener Hauptstadt des
bulgarischen Volkes etc.' Noch heute liegen ihre Ruinen
(Wälle, Turm, Bäder etc.) um das Dorf Bolgary an der
Wolga herum im russischen Gouvernement Kasan. Vergl.
über dieselben Ermans Archiv VI, pag. 91. Der Verdienste
Peters des Grossen um die Erhaltung dieser Ruinen gedenkt
Dorn, das Asiatische Museum der kaiserlichen Akademie der
Wissenschaften zu St. Petersburg. S. 3. Wenn wir Bulgâr
eine Handelsmetropole nannten, so haben wir dabei dem
Standpunkt der südrussischen Steppenvölker Rechnung getragen; nach unseren Begriffen war es nicht mehr als eine
grosse Kosakenstanize, kaum im Range von Nowo Tscherkask.
Hinsichtlich der Einwohnerzahl ist letztere ihr sogar mehrfach überlegen, doch hatte Bulgâr, wie wir teilweise schon
gesehen haben, eine höhere Kulturmission zu erfüllen. So
werden von den arabischen Geographen Bäder daselbst
genannt. Vermutlich waren es russische Dampfbäder, welche
schon Nestor (Schlözers Ausgabe II, S. 96) erwähnt. Oder
aber haben wir hier an arabische Kultureinflüsse zu denken?
Mas'ûdî spricht nämlich den Slawen die Bäder ab, beschreibt
aber dann richtige Dampfbäder, die er wol nur ihrer primi-
tiven Einrichtung wegen nicht mit einem Namen bezeichnen
wollte, der im Orient unzertrennlich mit dem Begriff des
Luxuriösen verbunden gewesen sein mag. Wir werden überhaupt nicht irren, wenn wir uns die Bewohner Bulgârs

teilweise arabisirt vorstellen; ihr König ALMS scheint arabisch verstanden zu haben. Derselbe hatte, wie wir durch Ibn Faḍlân erfahren, einen Hofschneider aus Baġdâd, was am besten die nordischen Zustände beleuchtet. Die Abbâsidenstadt ist für jene Länder das grosse Kulturzentrum gewesen, weshalb sie Frähn trefflich mit dem Paris seiner Tage vergleicht. Aus mehreren Stellen bei Ibn Faḍlân geht hervor, dass der arabische Einfluss in Bulġâr schon vor der Gesandtschaft bedeutend gewesen sein muss; doch wird er seinen Kulminationspunkt erst durch diese erreicht haben. Am Anfang des zehnten Jahrhunderts trat nämlich die Stadt zum Chalîfenreich in das Verhältnis eines Schutzstaates, indem ihr Beherrscher, der König der Slawen, Gesandte nach Baġdâd an den Abbâsiden Muqtedir schickte mit der Bitte um Unterweisung in der Lehre des Propheten. Der Chalîfe schickte nun die Gegengesandtschaft,*) bei der sich auch Ibn Faḍlân befand, welche — und das ist für die Wege des Handels von Bedeutung — über Bochârâ, Chowarezm und das Land der Baschkiren reisend, an ihren Bestimmungsort gelangte. Dort festlich empfangen, bekleidete der Gesandte den König, der sich fortan Emîr nannte, mit dem schwarzen Gewande der Abbâsiden und bedeckte seine Stirn mit einem Turban von gleicher Farbe. Um die Grossartigkeit des Unternehmens würdigen zu können, müssen wir uns vergegenwärtigen, dass Bulġâr etwa einen halben Grad nördlicher lag, als Königsberg i. Pr.

Obwohl die Steuern von den Unterthanen nach Ibn Faḍlân in Rinderhäuten bezahlt wurden,**) war ihnen doch

---

*) 921 n. Chr.

**) Wie noch heute von einigen Völkern Russlands in Zobelpelzen. Siehe ferner Rahmân Qûlis Brief an den Pâdischâh in Kasem-Beg, Grammatik der türkisch-tatarischen Sprache, deutsch von Zenker. Leipzig 1848. S. 257; auch beachte man folgenden Umstand: kuníza russ. ‚Marder' ist die Koseform von einem alten kuna, dessen Plural

Geld — natürlich arabisches — bekannt, wie denn ausdrücklich berichtet wird, dass man die Gesandtschaft des Chalifen,
um sie zu ehren, mit Dirhems überschüttete. Eigene Münzen
werden in Bulġâr erst später geschlagen sein. Frähn hat
solche zuerst vom Jahre 950 und 976 n. Chr. nachgewiesen.
(Mém. de l'acad. impér. des sciences de St. Péterbourg. 6. Série
Bd. I., vergl. ferner Frähn Opuscula postuma ed. Dorn, Bd. I.
S. 50).

Slawen. Charmoy hat das Nötige über sie zusammen-
gestellt. Ihm noch nicht zugänglich war der Bericht des
Ibrâhîm B. Jaqûb, der sich namentlich mit den nördlichen
Slawenländern beschäftigt, von denen die anderen Araber so
gut wie gar nichts wissen. Auch er gedenkt des slawischen
Handels:

,Ihre Waaren gehen zu Lande und zu Wasser zu den
Rûs und nach Konstantinopel.'

c. Das Don- und Dnjepr-Gebiet.

Hier befand sich der Handel noch ausschliesslicher in
den Händen der Rûs als auf der Wolga;*) dennoch scheint
dieser Zweig minder bedeutend gewesen zu sein. Dass Kijew
(am Dnjepr) nichts desto weniger grösser als Bulġâr geschildert wird,**) mag darauf zurückzuführen sein, dass die
Normannen kein Steppenvolk waren.

Nach Jâqût (Art. Baḥr Bunṭus) erstreckten sich die
Wohnsitze der Rûs bis zum Pontus. Der Name ,russisches
Meer' scheint für denselben allerdings erst spät üblich ge-
worden; er findet sich bei Nestor, Dimeschqî in Helmolds
Chronica Slavorum etc.

---

kuny ,Marderfelle' schon zur Zeit der Normannen im Sinne von Geld
gebraucht wurde. (v. Kunik).

*) Vergl. z. B. Masʿûdî.
**) Istachrî pag. 226.

Wie die Verhältnisse lagen, bevor Kijew Residenz der Waräger wurde, darüber dürfte schwerlich Näheres zu ermitteln sein. Die arabischen Quellen, welche uns zu Gebote stehen, erstrecken sich eben nur über eine kurze Periode und reichen in die eigentliche Blütezeit des Verkehrs kaum hinauf. Vermutlich wurde auch der Dnjestr — obwohl stellenweise nicht schiffbar — von Kaufleuten befahren. Von hier gingen die Waaren über Krakau nach Prag. ,Die Stadt Prag', sagt Ibrâhîm B. Ja'qûb, ,ist erbaut von Steinen und Kalk und ist der grösste Handelsplatz in slawischen Landen. Rûs und Slawen kommen dahin mit ihren Waaren von der Stadt Krakau und Muselmänner, Juden und Türken kommen aus dem türkischen Gebiet mit Waaren und byzantinischen Mithqâls und nehmen dafür Sklaven und Biberfelle und anderes Pelzwerk.' Der Umstand, dass hier die Münzfunde fehlen, erklärt sich wol aus dem Gebrauch byzantinischen Geldes, sodann auch daraus, dass, wie derselbe Autor berichtet, Tücher bei den Böhmen als Münze dienten, schliesslich wol aus der früheren Verbreitung des Christentums in diesen Gegenden.

Selbst der Balkan wurde mit in den Strom des Handels hineingezogen; denn al-Bekrî sagt von seinen Bewohnern (Ausgabe von Kunik und Rosen, S. 45):

والخزر تتاجرهم وتبايعهم وكذلك الروس

d. Das Land Wîsû.

Drei Monate Wegs gen Mitternacht von Bulġâr lag nach arabischen Berichten das Land Wîsû. Obwohl von dort die Waaren des Nordens — beispielsweise Biberfelle[*]) — kamen, soll es von Kaufleuten nicht mehr betreten worden sein.[**]) Es scheint, dass wir hier in der That vollständige Barbaren

---

[*]) Qazwînî. Art.: el-qunduz.
[**]) Davon später.

vor uns haben. Frähn hielt Wîsû für identisch mit dem Volke Wes, das bei Nestor II pag. 106 genannt wird.*) Im Allgemeinen schliessen die geographischen Kenntnisse der Araber mit diesem Lande ab; wir haben damit aber jedenfalls schon das nördliche Russland erreicht.

Sibirien.

Während gleichfalls zweifelhaft bleibt, ob dieses Land von den Arabern selbst betreten wurde, ist es ziemlich gewiss, dass es ihrem Handel nicht verschlossen blieb. Wenn man auch die arabischen Münzfunde anzweifeln wollte, muss man doch zugestehen, dass Sibiriens Reichtum an kostbaren Pelzen. die grosse Nachfrage nach diesem Artikel in Bulġâr und die überaus günstige Verbindung durch natürliche Wasserstrassen Faktoren sind, die einen Verkehr aller Berechnung nach herbeigeführt haben müssen. Noch wahrscheinlicher wird derselbe durch die herangezogene Jornandesstelle über das Zobel, und meiner Ansicht nach bewiesen durch Frähns Dimeschqîconjektur (Ibn Foszlan pag. 240), der, wie wir bereits S. 45 erwähnten, durch Versetzung eines Punktes aus dem Nîl, in dem nach Chowarezmîs Behauptung der Biber leben soll, den Fluss Tobol gewonnen hat.

e. Der baltische Norden.

Wegen des unstäten Wanderlebens und der Eigenart des normannischen Volkes ist es unmöglich, im höheren Norden bestimmte Handelsstrassen festzuhalten; denn gefahrvolle Pfade, die sonst den Kaufmann schrecken, scheinen auf diese Abenteurerschaaren eine besondere Anziehungskraft ausgeübt zu haben.

---

*) Es heisst dort: ‚Nördlich von ihnen (den Krivitschen nämlich) am weissen See sitzen die Wessen.' Die Krivitschen sitzen nach Nestor an der Düna und in den oberen Gegenden des Don und Dnjepr. Die Wes kommen auch bei Jornandes in der Form Vas vor. Man hält die heutigen Tschuden für ihre Überreste.

Wir beschränken uns darauf, einige Hauptstapelplätze des baltisch-nordischen Handels zu skizziren. Näheres findet man bei Weinhold. In erster Linie ist Nowgorod am Ilmensee, das Holmgard der Isländer, die alte Residenz der Warägerfürsten zu erwähnen, welche bereits mit dem äussersten Westen in Verbindung stand. Die Heimskringla erzählt von einem gewissen Gudleik, (Rafn, antiquités russes I, pag. 295), der ein ausgezeichneter Seefahrer und Kaufmann gewesen sein soll, dass er unter anderm Holmgard besuchte, wo er ein seidenes Gewand, kostbare Rauchwaaren und andere Schätze einkaufte. Ähnliches berichtet die Saga vom heiligen Olaf (Rafn, antiq. russes I, pag. 431). Wir sehen also, dass Holmgard damals andrerseits mit Gegenden in Verbindung stand, die Seidenbau trieben; man wird dabei selbstverständlich an Mâ-wara-n-nahr denken.

Truso (bei Elbing zu suchen), Jumneta, Haedum (in Schleswig) gehörten gewiss zu den wichtigsten Handelsplätzen an der Ostsee; vor allem aber wird Gotland — schon ehe die Blüte Wisbys durch die Hansa herbeigeführt wurde — von weit und breit besuchte Märkte aufzuweisen gehabt haben; das bekundet die kolossale Menge der dort zu Tage geförderten arabischen Münzen. Oder aber — war es ein Zufluchtsort und Hauptsitz der Piraten? Die Grenze zwischen Handel und Seeraub wird, wie gesagt, bei den Normannen nicht immer leicht zu ziehen gewesen sein.

Übrigens muss ich davor warnen, sich das alte Nordland als unwegsame Wildnis vorzustellen. Wie grundfalsch diese Ansicht ist, mag man aus Weinhold S. 365 u. f. ersehen. ‚Für die Instandhaltung der Verbindungsmittel', heisst es dort, ‚und die Beibehaltung alter Wege und Steige ist die norwegische, schwedische und schonische Gesetzgebung sehr besorgt gewesen. . . . . Im Ostgotalag wird die Breite der Ding- und Heerstrassen auf 10 Ellen gesetzt. . . . . In Schonen lag 3 Mark Busse auf Beschädigung der öffentlichen Strasse

Die Brücken waren natürlich in diese löbliche Sorge mit hinein gezogen..... Stürzte der König beim Reiten über eine Kreisbrücke und zerriss sich das Gewand, so hatte das Herad 12 Mark Strafe zu zahlen. Manche Bonden wanten auf ihre Brücken besondere Kunst. So baute Thorstein Kuggason.... auf Island eine Brücke, an deren Tragbalken Ringe und Schellen hingen, die beim Befahren eine halbe Stunde weit klangen.'

Nächst den Normannen kommen als kühne Seefahrer unserer Periode die Saxen in Betracht.*) Namentlich müssen wir hier des angelsächsischen Königs Alfred (9. Jahrhundert) und seiner Verdienste um Schifffahrt und Handel gedenken. Er soll sich sogar mit dem Gedanken getragen haben, eine nordöstliche Durchfahrt nach Indien zu suchen. Ein Bild von dem germanischen Nord- und Ostseeverkehr jener Zeit gewinnt man am besten aus den angelsächsischen Reise-Berichten der Seefahrer Othaere (Otter) und Wulfstan (Lang-bek, Scriptores rerum Danicarum. Tomus II. Hafniae 1773), Die Fahrt des letzteren ging von Haedum nach Truso. Unter den Nachprägungen hatten wir auch einen arabisch-angel-sächsischen Dînâr zu erwähnen,**) der neben den bekannten arabischen Legenden die Aufschrift trägt: Offa rex (For-schungen zur deutschen Geschichte, Bd. IV. Göttingen 1864. pag. 325). Der Charakter des sächsischen Handels wird dem des normannischen verwandt gewesen sein; ging auch den nordischen Kaufleuten vielleicht die semitische Verschlagenheit ab, so hatten sie dafür eine andere Eigenschaft aufzuweisen, die der Entwickelung des Verkehrs förderlich gewesen sein muss: germanische Redlichkeit.

Beachtenswert ist, dass, obwohl später die glänzenden Tage der Hansa folgten, doch an den Küsten der Ostsee

---

*) Im Finnischen wird der Kaufmann geradezu ‚saksa' genannt. (Schrader). **) Pag. 65.

Sagen von versunkener Pracht und Herrlichkeit — die freilich
in lokalen Vorgängen ihre Begründung finden mögen —
entstanden sind. So scheint sich eine Erinnerung an die
einstige Blüte des baltisch-asiatischen Verkehrs in der Vineta-
sage erhalten zu haben. Helmold, der im 12. Jahrhundert
— also zur Zeit des Verfalls — schrieb, erzählt in seiner
Chronik der Slawen (Laurents Übers. p. 7) von der Stadt Jumneta:

‚An der Mündung der Oder, wo sie das baltische Meer
berührt, lag einst die sehr angesehene Stadt, welche den
Barbaren und Griechen, die ringsumher wohnten, einen sehr
gerühmten Mittelpunkt des Verkehrs darbot. Zum Preise
dieser Stadt werden grosse und kaum glaubliche Dinge
erzählt; ich will davon nur einiges, was der Erwähnung
wert ist, mitteilen. In der That war sie die grösste aller
europäischen Städte. Sie war bewohnt von Slawen und
einer andern gemischten Bevölkerung von Griechen und Barbaren. Auch die dorthin reisenden Sachsen erhielten Erlaubnis,
daselbst mit zu wohnen; freilich nur, wenn sie, so lange sie
sich dort aufhielten, sich nicht öffentlich als Christen zu erkennen geben wollten. Denn bis zum Untergange der Stadt
waren alle Bewohner derselben in heidnischem Irrglauben
befangen. Übrigens war, was Sitten und Gastlichkeit anlangt,
kein ehrenwerteres und gutherzigeres Volk zu finden. Jumneta,
reich durch die Waaren aller Nationen, besitzt alle möglichen
Annehmlichkeiten und Seltenheiten.‘

Die Nennung der Griechen, worunter natürlich nur
griechisch-katholische Christen zu verstehen sind,*) weist zur
Genüge auf die Richtung des Handels hin, durch den Jumneta
gross geworden.

---

*) Man ist in der Gräkomanie leider so weit gegangen, hierin alt-
griechische Kolonisten zu sehen, die der Bernsteinhandel (der unvermeid-
liche) nach Norden geführt. Ihre Nachkommen: die Littauer. Auch
v. Minutoli schloss sich dieser kuriosen Ansicht an. Eine Widerlegung
ist wol überflüssig.

Vielleicht ist diese Stadt identisch mit der der Ûbâba,
von welcher Ibrâhîm Ben Ja'qûb berichtet (Kuniks Ausg.
S 37), dass sie, am Meer gelegen, zwölf Thore und einen
Hafen mit trefflichen Hafenordnungen besitze und von ihren
Ältesten regiert werde. Früher hat man an Danzig gedacht.

f. Die Handelsstrassen des Westens.
a. Landweg.

Wiewol die Araber von Westen aus unserer Heimat bedeutend näher waren,*) so widerlegt doch das fast gänz-
liche Fehlen der Münzfunde in Süddeutschland und Frankreich die Annahme eines westlichen Landweges für die
Wanderung der bei uns gefundenen maġrebinischen Dirhems,
welche überdies relativ selten sind, indem die meisten Münzen
aus Baġdâd oder Samarqand stammen. Der Handel ist
allerdings, wie wir S. 70 (unten) gesehen, bezeugt; die
Zeugnisse liessen sich noch vermehren; so wird in den gesta
Abbatum Fontanellenorum pag. 53 ein stragulum Hispanicum
erwähnt. Auf Spanien weisen auch folgende Verse des Bischof
Theodulf von Orleans († 821) hin:

Alter ait, mihi sunt vario fucata colere (sic!)
Pallia, quae misit, ut puto, torvus Arabs u. s. w.**)

Dass dieser Handel fast ausschliesslich ein Tauschhandel
war, mag unter anderm darauf zurückzuführen sein, dass hier
höher zivilisirte Völker die Erzeugnisse des Morgenlandes,
welche für den bedürfnislosen Barbaren Russlands wertlos
waren, zu schätzen wussten. Auch verstanden im Osten die
weniger industriellen Völker die Erzeugnisse ihres Bodens

---

*) Im Westen drang Merwân B. Muhammed bis zum Fluss der
Slawen vor (Tabari), unter dem wir nach der neuen Ibn Chordâdhbeh-
handschrift nicht die Wolga, sondern den Don zu verstehen haben.
**) Carmina lib. I v. 210 ff. (Max. bibl. Patr. XIV, pag. 30). Vergl.
Piper, Einleitung in die monumentale Theologie. S. 299. Der Bischof
befand sich auf einer Visitationsreise nach Narbonne und Arles.

und ihrer Heerden viel weniger zu verwerten. Daher hatten hier die Rohprodukte geringeren Wert und der Handel warf leichteren und grösseren Gewinn ab als im Westen, wo er unbedeutend blieb; bis am Ende der orient.-occidentalischen Handelsperiode, die wir hier betrachten, vornehmlich durch die Kreuzzüge die italischen Seestädtc hervorragende kommerzielle Bedeutung gewinnen und den Verkehr schliesslich — was eben den Verfall der östlichen Waarenstrassen im Verein mit dem kriegerischen Vordringen der Russen nach Süden und der Zerstörung der Stapelplätze Bulǵâr und Itil herbeigeführt — in andere Bahnen lenken. Bemerkenswert ist, dass die alten Verhältnisse sich teilweise wieder einstellen, als die Türken nach dem Aufhören der Kreuzzüge die Macht des Islâm am Mittelmeer erneuern. Daher erstarkt gerade zu dieser Zeit im Norden die Hansa.

Die Hauptverkehrsstrasse scheint zwischen dem Maǵrib und Italien bestanden zu haben. Die Gesandtschaft, welche Hârûn ar-Raschîd an Karl den Grossen schickte, nahm diesen Weg. In Italien war ja durch den Hofhalt des Papstes, der die meisten Kirchen des Abendlandes mit Kleinodien versorgte, das reichste Absatzgebiet für die kostbaren Erzeugnisse des Orients vorhanden,*) zumal der fromme Sinn des Mittelalters in der Ausstattung der Kirchen die grösstmöglichste Pracht erstrebte. Hier hatten die arabischen Eroberer Siciliens und des gegenüberliegenden europäischen Kontinents dem Verkehr eine bequeme Brücke geschlagen, und die christlichen Fürsten Mittelitaliens scheinen auch nicht an übergrossem Fanatismus gelitten zu haben, da wir sie halb arabisirt und gelegentlich in den Reihen der Ungläubigen kämpfend finden.

Ein grosser Teil der arabischen Kulturentlehnungen des Abendlandes hat seinen Weg über die Pyrenäen genommen,

---

*) Heyd I, pag. 104 und 105.

was auch hier auf einen lebhaften Verkehr schliessen lässt. Bekanntlich erstreckte sich das Reich der spanischen Araber zeitweilig bis an die Ufer der Rhone; ja sogar in Savoyen und der Schweiz haben sie vorübergehend festen Fuss gefasst, obwohl dieses wahrscheinlich nur Abenteurerscharen waren, die mit dem Chalifat zu Cordoba keine Fühlung hatten. In Sagen lebt dort ihr Angedenken bis auf den heutigen Tag fort. Auch Ortsnamen erinnern noch häufig an ihre Anwesenheit, so la Sarraz (im Kanton Waadt), Almagell im Saasthal (المَحَلّ Station), Eien (عين Quelle) und Alalain (على العين an der Quelle) ebendaselbst, Monte Moro, Fizzo del moro, Cima del moro u. a.*).

Doch sind einzelne Reisende naturgemäss noch weiter gekommen als die Heere. Dafür legt der interessante Artikel über Maġândja (Mainz) bei Qazwînî Zeugnis ab, den Frähn eingehend kommentirt hat.**) Er ist namentlich deshalb interessant, weil er zeigt, wie am Rhein die arabische Münze des Ostens wieder in die Hände eines Arabers gelangen konnte;***) zu beachten ist, dass die Gewürze, welche im Folgenden unmittelbar nach den Münzen erwähnt werden, auch den Ostweg gewandert zu sein scheinen.†) Heyd schlägt

---

*) Siehe F. Keller. Die letzteren Namen hängen wol mit den ‚Mauren' zusammen und sind nicht, wie Dr. Egli (Z. D. M. G. Bd. 20. 1866) will aus مُرّ Herr zu erklären. Den Namen des berühmten Kurortes in Graubünden, Pontresina, wage ich nicht, wie es geschehen ist, aus pons Sarazena abzuleiten, da es zunächst pons Saracenurs heissen müsste.

**) Mém. de l'acad. imp. des sciences de St. Pétersbourg. Série 6. Band II.

***) Es heisst nämlich darin ausdrücklich, dass es in Mainz arabische Dirhems aus Samarqand gäbe vom Sâmâniden Naṣr B. Aḥmed (301 bis 331 d. Fl.)

†) Heyd ist freilich anderer Ansicht. Doch darf man nicht übersehen, dass die genannten Gewürze nur im Osten vorkamen und sich Tortûschî schwerlich gewundert haben würde, sie in Mainz anzutreffen, wenn er den Handel unterwegs verfolgen konnte.

vor, dem Grossfürsten Isäslaw aus Kijew, der im Jahre 1075
Hülfe bei Kaiser Heinrich suchend nach Mainz kam, diese
Dirhems mitzugeben. Auch hierin zeigt sich die Abneigung,
die Bedeutung der östlichen Waarenstrasse für Westeuropa
anzuerkennen. Seine Ansicht erscheint mir unstatthaft, weil
wir auch in der Schweiz Münzen aus Samarqand finden, die
vermutlich nicht aus Isäslaw's Tasche stammen. Dass
übrigens Abû Bekr aṭ-Ṭorṭûschî von Westen aus nach Mainz gelangte, scheint der Name Ṭorṭûschî d. h. der aus Tortosa*)
anzudeuten; nach Frähn ist er identisch mit Ibn Abî Zendeqa,
Ibn Chillikân**) No. 616, in dessen Lebensbeschreibung es
heisst: und er reiste nach dem Abendland im Jahre 476.
Demnach wäre Ṭorṭûschî um 1083 in Deutschland gewesen.

Ibrâhîm B. Ja'qûb endlich reiste im 10. Jahrhundert
von Afrika aus über Merseburg hinaus nach Mecklenburg.

Nur dürfen wir nicht vergessen, dass höchstwahrscheinlich keiner von ihnen Kaufmann war (sondern vermutlich
der eine Jurist, der andere Mediziner), weshalb diese Thatsachen zwar den Verkehr, aber noch nicht den Handelsverkehr belegen. Um so willkommener ist die oft besprochene
Angabe Ibn Chordâdhbeh's, dass ein Landweg quer durch
Deutschland nach Itil und Balch und weiter nach China
existire, bei der dieser Autor allerdings kommerzielle Verbindungen im Auge gehabt zu haben scheint. Dass übrigens
der Westweg den baltischen Norden erreichte, wird durch
de Sacy's Chrest. II, 18, Ibn Faqîh pag. 84 u. s. w. mehr
als wahrscheinlich. Ein Zeichen aber, wie fremdartig den
Arabern im allgemeinen der Norden blieb, ist, dass die
Namen nordischer Städte keine einheitliche Form aufweisen,
sondern in verschiedenen Quellen auch verschieden lauten,

---

*) In Nordspanien.
**) So und nicht Challikân soll man nach Lane schreiben. Ebn
Chilcan hat auch de Sacy Chrest. I, S. 34.

so Mainz bei Idrîsî und Qazwînî, Venedig bei Ibrâhîm B.
Ja'qûb und Idrîsî. Hierdurch und durch das Verhalten der
abendländischen Geschichtsschreiber wird es wahrscheinlich,
dass der Handel meist schon an der Grenze in die Hände
der Christen überging.

b. Seeweg.

Die von Frähn (Ibn Foszlan pag. 249/50) ausgesprochene
Ansicht, die bei uns gefundenen magrebinischen Münzen
seien durch die in Afrika und Spanien plündernden Normannen nach dem Osten gelangt, wird durch das Verbreitungsgebiet der Funde, wie wir gesehen haben, widerlegt
Karabacek (W. N. Z.) glaubt ebenfalls an einen arabischen·
Küstenhandel, der sich von Spanien aus die französische
West- und Nordküste entlang bis nach den heutigen Nieder-
landen und weiter erstreckt haben soll. Als Erklärungsgrund
für das Vorkommen magrebinischer Dirhems im baltischen
Norden — und das sollte er sein — ist er nicht zu verwerten. Trotzdem bleibt es gewiss, dass die Normannen
jene Küsten befuhren; anders steht es freilich mit den
Arabern. Sie waren überhaupt der schon durch 'Omar's
Autorität verpönten Nautik abgeneigt. Târiq konnte, wie
Maqqarî (I.) berichtet, nur 4 Schiffe auftreiben, um sein
Heer nach Spanien überzusetzen. In der Folgezeit lassen
sich allerdings einige kühne seemännische Unternehmungen
nachweisen, sogar eine Umschiffung Afrikas und der Ver-
such einer Entdeckung Amerikas; der ostasiatische Seehandel
hatte weite Dimensionen angenommen; auch beachte man
den Umstand, dass aus dem indischen Brahmanen Sidipati
in der arabischen Form des Märchens Sindbâd al-Bahrî geworden; unser Wort Admiral ist arabischen Ursprungs (emîr
el-mâ Gebieter des Wassers). Doch entwickelte sich eine
muhammedanische Seemacht eigentlich erst nach der Vertreibung der Mauren aus Spanien, die nun als heimatlose

Korsaren an den christlichen Siegern Rache nahmen, während gleichzeitig die Türken im Osten, um ihren Erbfeind, die Johanniter, aus Rhodos zu vertreiben, ihrer Flotte grössere Aufmerksamkeit zuwendeten. Ferner dürfen wir nicht übersehen, dass, wenn die arabischen Kaufleute sich auch in chinesischen Häfen noch zahlreich zeigten, erstens: die Schätze des Ostens eine grössere Anziehungskraft ausübten, sodann: buddhistische Toleranz von dem Christentum gegen den Islâm nicht geübt wurde.

Den arabischen Geographen ist der Norden Europas eine terra incognita. Zwar weiss Idrîsî in Frankreich, Deutschland und den Niederlanden recht genau Bescheid,*) erwähnt auch noch einige skandinavische Städte, doch darf man nicht vergessen, dass er am Hofe des Normannenkönigs Roger lebte und unter dessen Auspicien arbeitete, so dass sein Werk sogar bisweilen von seinen Landsleuten unter dem Titel ‚Buch des Roger' zitirt wird. Die Kenntnisse über Nordeuropa sind von ihm also nicht durch eigene Anschauung erworben, sondern auf Rechnung der Normannen zu setzen. Was nun sonst die Bekanntschaft der Araber mit den nördlichen Meeren anlangt, so ist zwar die Kunde vom fernen Thule — jedenfalls durch Baṭalmîs (Ptolemaeus), den sie früh übersetzten — auch zu ihnen gedrungen,**) aber schon der Bericht Jâqût's hierüber (I. pag. 500) verrät den Mangel jeder Berührung mit diesen nördlichen Regionen:

‚Das Meer von Thule (eig. Tûliija) gehört zu den grössten Meeren und ich glaube, dass es sich erstreckt bis zum Okeanos; al-Kindî***) sagt: An den bewohnten Küsten von

*) Von den deutschen Städten nennt er: اشبيرة (Speier), قرميزة (Worms), ميانصة (Mainz), افرنكبردة (Frankfurt), قلونية (Köln), المد (Ulm), اوزبرك (Augsburg).
**) Es wird auch von Ibn Faqîh erwähnt.
***) Über ihn vergl. hierzu Reinaud; Introduction pag. LIV. Er hat auch den Ptolemaeus ins Arabische übersetzt.

8

den nördlichen Gegenden ist ein grosses Meer unter dem Polarstern und in seiner Nähe eine Stadt, die Thule heisst. Hinter ihr gibt es kein bewohntes Land mehr; ihre Bewohner sind unter den Geschöpfen Allahs am meisten zu beklagen; auch nähert sich ihnen kein Schiff.'*)

Die Ostsee ist den meisten arabischen Geographen unbekannt, wird aber von Bêrûnî (11. Jahrhundert) uud jüngeren unter den Namen Bahr al-Warenk,Meer der Waräger' erwähnt.**) Von dem atlantischen Ozean sagen Bêrûnî und Jâqût ausdrücklich, dass er nur an seinen Küsten befahren werden könne, was allerdings hinreichend wäre, um den Handel zu belegen, wenn es sich beweisen liesse, dass die Autoren hierbei arabische Schiffe im Auge hatten.

In innigere Berührung als zu den anderen Völkern des Nordens traten die Araber zu den Normannen, die sie mit sehr allgemeinen Namen bald als Madjûs, bald als Kuffâr (Plur. von Kâfir, Ungläubige),***) bald als Franken bezeichnen. Von den Franken in unserem Sinne giebt Masʿûdî aus der Reihe der älteren Schriftsteller, die vor Beginn der Kreuzzüge schrieben, wol die genaueste Kunde; doch musste er sie aus dem Werk des französischen Bischofs Godmar schöpfen, das dieser in arabischer Sprache für den Chalifen al-Hakam schrieb und welches dem Masʿûdî in Ägypten zu Gesicht kam. Wir sehen also immer und immer wieder, dass die Kenntnisse der Araber von Nordeuropa keine direkten sind und können daher dem Küstenhandel keine grosse Bedeutung beimessen, wenigstens solange die westlichen Küsten unseres Weltteils an arabischen Münzfunden so unergiebig bleiben wie bisher.

---

*) Der Artikel im مراصد الاطلاع stimmt wörtlich überein.
**) Siehe Ibn Foszlan pag, 182.
***) So Jaqût.

Kapitel V.

Wie weit drangen die arabischen Kaufleute selbst nach Norden vor?

Ich nenne diese Kaufleute arabisch, weil sie zweifelsohne in den meisten Fällen auch arabisch verstanden. Die Araber selbst vermeiden es mit Recht, ihre Nationalität anzugeben, was oft ein missliches Ding gewesen sein mag. Doch lässt sich aus der Stelle Muq. 325 schliessen, dass die Sprache der östlichen Händler grösstenteils Persisch war. Er verrät das durch den Gebrauch persischer Wörter bei Aufzählung der Handelsartikel in Fällen, wo es gute arabische gab.*) So hätte er statt chezzbûst sagen können: djulûd el-chezz. Zu Muqaddesis Zeit gewann freilich bereits das nationale Prinzip im Osten wieder die Oberhand; doch haben diese Provinzen, wie schon die ältesten Statthaltermünzen zeigen, von vornherein eine grössere Selbstständigkeit gegenüber dem Arabertum behauptet. In Regierungskreisen bediente man sich andererseits bis zum Sturze der Sâmâniden wol ausschliesslich der Sprache des Qorâns, die als Sprache Bagdâds auch dem Kaufmann nahezu unentbehrlich war. In Bulgâr verstand man noch den jedenfalls arabisch geschriebenen Brief des Chalîfen.

Die kûfischen Münzfunde an der Ostsee beweisen natürlich nicht die persönliche Anwesenheit von Arabern an jenen Gestaden.**) Dringen doch heutzutage unsere Waaren in

---

*) Auch Ibn Hauqal nennt die Ziege in Mâ-wara-n-nahr: ‌.
**) Joh. Voigt äusserte diese seltsame Ansicht, wenn auch mit Vorbehalt in seiner Geschichte Preussens, Bd. I. Zeune bürdete sie in bester Absicht bei Besprechung der (ihm dedicirten) Preisschrift Stüwes (Berghaus Annalen) nicht nur diesem, sondern auch Frähn auf. Ausserdem spukt sie noch zuweilen bei Anthropologen.

Länder, die noch keines Europäers Fuss betreten hat.*) Bei
Ibn Ḥauqaí findet sich vielmehr die wertvolle Notiz, dass
Niemand des Handels wegen über Bulġâr hinausgehe, weil er
sonst zu Leuten käme, die jeden Fremden niedermachten.**)
Im Dnjepr-Gebiet soll Kijew den nördlichen Grenzpunkt
bilden; Iṣṭachrî sagt: ‚Die Kaufleute kommen bis Kijew;
nach Erthâ aber kommt keiner von ihnen, weil die Einwohner
jeden Fremden töten und ins Wasser werfen.‘ Gegen beide
Angaben erheben sich Bedenken. Um auf die letzte zuerst
einzugehen, so verweise ich auf die schon zitirte Stelle aus
Ibrâhîm B. Jaᶜqûb, wo es von der Stadt Prag heisst:

‚Rûs und Slawen kommen dahin mit ihren Waaren von
der Stadt Krakau und Muslims, Juden und Türken kommen
aus türkischem Gebiet mit Waaren u. s. w.‘

Zwar steht es nicht fest, dass diese Kaufleute über
Kijew kamen, doch ist es nicht unwahrscheinlich.

Ebenso lässt sich mit der Angabe, dass die Händler
nicht über Bulġâr hinausgingen, schwer vereinigen, was
Jâqût im Art. Itil über die Wolga sagt:

‚Und auf ihr reisen die Kaufleute bis nach Wîsû und
führen viel Pelzwerk aus, als Biber, Zobel und Vehe.‘

Dieses Land lag aber nach Ibn Faḍlân's Bericht 3 Monate Wegs hinter Bulġâr.***)

---

*) Peschel teilt in der Völkerkunde mit, dass Waaren, die an der
einen Seite Afrikas von europäischen Kaufleuten an Eingeborene verkauft
worden waren, auf der andern wieder in die Hände von Europäern gelangten.

**) Frähn (Ibn Foszlan pag. 168).

***) Die Nacht ist dort kürzer als eine Stunde; nach Jâqût (VI, 944)
sogar zu einer Zeit des Jahres (wie er hinzufügt) garnicht vorhanden.
Das Land Wîsû deckt sich so ziemlich mit dem Land der Finsternis,
der الظلمة ارض des Ibn Batûta. Derselbe erzählt, dass er von Bulġâr
aus in diese, welche vierzig Tagereisen von dort entfernt sei, habe vordringen wollen; aber die Schwierigkeiten, die sich seinem Unternehmen

Bei Beurteilung dieses offenbaren Widerspruches verdient das Märchen von dem fürchterlichen Riesen Beachtung,
welches Jâqût und Qazwînî gelegentlich der Besprechung der
Wolga erzählen.*) Dieser soll nämlich aus der Gegend des
Landes Wîsû nach Bulġâr gekommen sein und der König
der Slawen versichert selbst dem arabischen Gesandtschafts-
attaché, dass er ihn mit eigenen Augen gesehen habe. Hier
liegt es sehr nah, an abschreckende Fabeln zu denken, wie
sie der Kaufmann gern, um die Konkurrenz abzuschneiden,
über seine Bezugsquellen verbreitet. Nun könnte man einwenden, der Umstand, dass die Araber solche Fabeln nach-
erzählten, spräche für ihre Unkenntnis des Landes. Hierauf
sei erwidert, dass gerade das Halbdunkel, nicht aber die
völlige Nacht, die über einem Lande lagert, der dortigen
Lokalisirung von Sagen günstig ist und die arabischen
Händler gleichfalls Interesse daran hatten, die Konkurrenz
ihrer Landsleute zu verhindern. Daher denn auch der Bericht Ibn Hauqals, könnte man meinen, der ja selbst Kaufmann war, dass hinter Bulġâr jeder Fremde abgeschlachtet
werde; Edrîsî sagt sogar, er werde aufgefressen. Ferner ist
es, abgesehen hiervon, natürlich, dass von vielen kommerziellen Unternehmungen keine Kunde nach dem Mutterlande

---

entgegenstellten, waren leider so gross, dass selbst ein Ibn Batûta davon
abstehen musste.

*) Doch vergesse man auch nicht, dass die alten Nordländer von
einem östlichen Riesenvolk zu wissen scheinen (Thors Ostfahrten). Ob
der Name des nordischen Risalandes (Rafn antiquités russes etc.) nicht
irgendwie mit Russland zusammenhängt? Vergleicht doch auch Ibn Fadlân die Rûs mit Palmbäumen. Saweljew sieht die Riesenfabel für eine
Erklärung der bei Bulġâr ausgegrabenen Mammutsknochen an, wenn ich
nicht irre, nach Frähns Vorgang. Lieber würde ich schon an eine der
Volksetymologien denken, die häufig Veranlassungen zu Sagen werden.
Ermans Archiv VI, pag. 98 findet man etwas derartiges: Ein geographischer Name, der wol mit den nordischen Joten nichts zu thun hat,
soll mit den 'Âd der qorânischen Legende verwechselt worden sein.

gedrungen, oder, wenn dorthin, so doch nicht zu den Ohren
des betreffenden Geographen gelangt ist.*)

Dennoch scheint eine Stelle bei Qazwînî ausschlaggebend
zu sein und im allgemeinen Ibn Ḥauqal's Nachricht zu bestätigen. Jener erzählt nämlich von dem Volke Wîsû, dass
sie mit den Bulgâren einen stummen Handel treiben, indem
diese ihre Waaren an einen bestimmten Ort legen und dann
fortgehen. Wann sie wiederkommen, finden sie Tauschartikel
daneben gelegt und es steht bei ihnen, ob sie ihre eigenen
Waaren oder das dafür Gebotene mitnehmen.**) Noch ein
letzter Einwand muss zurückgewiesen werden. Leider schreiben nämlich die Araber oft den Griechen nach, obwohl sich
häufig die Verhältnisse im Laufe der Jahrhunderte so ge-
ändert, dass jene entlehnten Angaben für ihre Zeit längst
antiquirt waren, und man könnte es trotz der Abweichung
in der Lokalisirung nicht für unmöglich halten, dass die
Stelle des Qazwînî auf Herodot IV, 196 zurückgehe, zumal
arabische Autoren, wenn auch wol nur mittelbare, Bekanntschaft mit diesem Passus zu verraten scheinen. Doch kommt

---

*) Andrerseits können die Araber bezüglich mancher Gegenden, die
ihnen niemals zu Gesicht gekommen sind, durch zuverlässige Berichte
der Barbaren gut unterrichtet gewesen sein. Hierauf wird man ihre
gelegentlichen Kenntnisse über das Meer der Waräger und die Preussen
(die Berâzî des Ibn el-Wardî, Borâsia des Edrisî) zurückzuführen haben.

**) Dieser Erzählung, die übrigens mehrfach belegt ist — nach Ibn
Batûta, der selbst Bulgâr besuchte, erwähnt den stummen Handel mit
dem Land der Finsternis (!) — haben einige Autoren eine originelle (aber
lehrreiche) Ausstattung mit auf den Weg gegeben, indem sie diesen
stummen Handel dadurch begründen, dass das Volk Wîsû, wenn man
es zu den Bulgâren liesse, dorthin eine solche Kälte mitbringen würde,
dass selbst mitten im Sommer alle Gewächse verderben müssten. Vielleicht steht hiermit Wulfstans Bericht in irgend einer Verbindung, der
von den Bewohnern des Ostens erzählt, dass sie die Fähigkeit besitzen,
Kälte hervorzubringen und mitten im Sommer ein Gefäss mit Flüssigkeit
gefrieren machen könnten. (Langebek, Script. rer. Dan. II. Hafniae 1773.
pag. 123.

der stumme Handel auch sonst vor und wird von Andree I,
pag. 23 u. f., wo man viele Beispiele findet,*) sogar für die
älteste Form des Handels überhaupt in Anspruch genommen;
was aber das Wichtigste ist, er besteht nach Saweljew noch
heute zwischen Russen und Syrjänen im Gouvernement
Wologda.

Andererseits dürfen wir nicht vergessen, dass auch um-
gekehrt, ja vielleicht in grösserer Menge nordische Kaufleute
das Reich der Chalifen betraten; der Endpunkt ihrer Reisen
wird Baġdâd gewesen sein.

---

*) So erwähnt Professor Bastian die Entwickelung eines stummen
Handels zwischen ihm und eingeborenen Amerikanern. ,Wir fanden',
sagt er, ,morgens in der Nähe unseres Lagers frischgepflückte Bananen,
nahmen dieselben fort und legten dafür am Abend Messer hin.' — Neuer
dings hat O. Schrader (Handelsgeschichte und Waarenkunde S. 11) über
diese primitive Form des Verkehrs gehandelt.

Abschnitt III.

Handelsartikel.

Quellen und Litteratur.

Qazwînî († 1283) Kosmographie. Th. I. Wunder der Schöpfung. ed. Wüstenfeld 1848 enthält trotz seiner Kürze viel wertvolles Material.

Dimeschqî ed. Frähn & Mehren.

Kemâl ed-Dîn ed-Demîrî († 1405). Das grosse Tierleben, Gedruckt zu Bulaq. 1278 d. Fl. (1867).

Ibn Baitâr, Lexikon der Medikamente, zum grössten Teil Zitate, arab. Text gedruckt zu Bulaq. 1291, Übers. v. Generalstabsarzt L v. Sontheimer unter dem Titel: Ebn Baithar, Über die Kräfte der bekannten einfachen Heil- und Nahrungsmittel. 2 Bd. Stuttgart 1840—42. 4.

Abû Mansûr al-Muwaffaq, Liber fundament. pharmacologiae ed. Seligmann. Vindob. 1859. Übersetzung von demselben.

Marbodi Liber lapidum seu de Gemmis (11. Jahrh.) ed. Beckmann Göttingen 1799.

Wüstenfeld. Geschichte der arabischen Ärzte und Naturforscher. Göttingen 1840.

Kruse. Necrolovonica. Dorpat 1852.

O. Blau, Kommerzielle Zustände Persiens. Berlin 1858.

v. Kremer, (Österr. Handelsminister, ausgez. Arabist), Semitische Kulturentlehnungen aus dem Pflanzen- und Tierreich. Ausland. Bd. XLXVIII 1875. Januarheft.

V. Hehn, Kulturpflanzen und Haustiere in ihrem Übergang aus Asien nach Europa. Berlin 1877.

Heyd, Geschichte des Levantehandels im Mittelalter. Bd. II. Stuttgart 1879.

O. Schneider, Naturwissenschaftliche Beiträge zur Geographie und Kulturgeschichte. Dresden 1883.

Stolze und Andreas, Die Handelsverhältnisse Persiens. Petermanns Mitteilungen. Ergänzungsheft Nr. 77. Gotha 1885.

*O. Schrader, Linguistisch-historische Forschungen zur Handelsgeschichte und Waarenkunde. Jena 1886.

Dozy et Engelmann. Glossaire des mots espagnols et portugais dérivés
de l'Arabe. 2. éd. Leide 1869.

Fick, Etymologisches Wörterbuch der indogermanischen Sprachen.

Diez, Etymologisches Wörterbuch der romanischen Sprachen. 4. Ausg.
Bonn 1878.

Kapitel I.

Export.*)

Da ich bereits in meiner Broschüre ‚Welche Handelsartikel bezogen die Araber des Mittelalters aus den nordisch-
baltischen Ländern. Verlag von G. Böhme, Leipzig 1886'
diesen Gegenstand behandelt habe, beschränke ich mich auf
eine Aufzählung der einzelnen Artikel und füge nur einige
Nachträge und Verbesserungen hinzu:

Sklaven aus Samarqand. Iṣṭachrî (de Goeje's Ausg.)
pag. 318. Türkische: Ibn Ḥauqal pag. 337. Slawische:
Muqaddesî 325 und 242 (Daselbst auch kastrirte.) und al-
Bekrî Kunik's Ausg. S. 46.

Sklavinnen lieferte vornehmlich der Kaukasus (Circas-
sierinnen, Georgierinnen). Merwân B. Mohammed verlangte
von dem Herrn von Sermer als Tribut 500,000 Dirhems,
100 Knaben, 100 Mädchen u. s. w, nach Ṭabarî. Eine andere
Handschrift hat 500 Sklaven, 500 Mädchen, 10,000 Dînâre
u. s. w.**) Doch kamen sie auch aus dem höheren Norden:
Ibn Faḍlân. Nach Weinhold (Altn. Leben S. 103) schwankte
im Norden der gewöhnliche Preis für einen Knecht oder eine
Sklavin zwischen 1—3 Mark; doch wurden nach Umständen
weit höhere Summen gezahlt; im Morgenland konnte der
Wert einer Sklavin, wie aus der Erzählung des Isḥaq B.
Ibrâhîm (de Sacy's Chrest. I.) hervorgeht, unter Umständen
auf 50,000 Dînâre steigen.

Viehhandel. Muq. 325: Rind- und Kleinvieh von

*) Dem Orientalisten liegt eigentlich die umgekehrte Bezeich-
nung näher.

**) Dorn.

Bulġâr. Kleinvieh wird von ihm noch einmal pag. 355 als
Reichtum des Chazarenlandes genannt. Die Chazaren waren
ein Steppenvolk.

Jagdfalken oder -Habichte, denn beide Vögel kann
das von Muq. 325 gebrauchte Wort bezeichnen. Der Habicht
war der eigentliche deutsche Jagdvogel, der gleichfalls, was
hier zu beachten, bei den heidnischen Normannen sich grosser
Beliebtheit erfreute; in Edda und Skalda wenigstens wird
er mehrfach genannt: mit der Leiche Sigurds sollen nach
Sigurdarkwida III, 64 auch zwei seiner Habichte den Holzstoss teilen; Grimnismal 44 wird allem Anschein nach sogar
ein Götterhabicht (Habrok) erwähnt. — Für den Falken dagegen spricht die weite Verbreitung des Wortes ṣaqr, mittel-
lateinisch sacer, ital. sagro, franz. und span. sacre; mhd.
sackers, nhd. Sakerfalk, mittelgr. sakre, slaw. sokolu, litt.
sakalas u. s. w.*) Hehn hat S. 526 noch einen anderen den
Orientalen, Griechen und Slawen gemeinsamen Namen dieses
Vogels beigebracht.**) — Über die Bezugsquellen bemerke
ich folgendes: Norwegische Kaufleute holten Falken aus
Island (Weinhold S. 112). Daselbst kommt bekanntlich der
vorzügliche weisse Jagdfalke vor. Ob die Fabel des Syrers
Barhebraeus (Z. D. M. G. Bd. 40 S. 428), in welcher unser
Vogel dem Hahn erzählt:

ܘܐܢܐ ܢܚ ܨܡ ܢܚ ܠܘܪ̈ܐ ܢܬܨܝܕ ܚܕ

‚Ich aber werde in den Gebirgen gefangen.'
auf einen Import zunächst aus den nördlichen Gebirgen oder
darauf hinweist, dass er auch im Orient selbst gefangen
wurde, wage ich nicht zu entscheiden. Die Beduinen stellen
noch heute mit Falken den Gazellen nach; auch die Basch-

---

*) Es ist, wie Hehn treffend bemerkt, gleich dem deutschen ‚Weihe'
nur eine Übersetzung des griechischen hiérax.

**) Interessant ist, dass gerade der grosse Verehrer arabischer Kultur
und Sitte auf dem deutschen Kaisertron, der Hohenstaufe Friedrich II.,
ein Buch, ‚de arte venandi cum avibus' verfasste.

kiren (an der alten Handelsstrasse) liegen leidenschaftlich
bis in unsere Tage der Jagd mit dem falco fulvus ob. —
Sollten meine Nachfolger beabsichtigen, eingehendere Forschungen über diesen Artikel anzustellen, so erlaube ich mir,
ihre Aufmerksamkeit auf folgendes Werk zu lenken: ‚Riesen-
thal, die Raubvögel Deutschlands und des angrenzenden
Mitteleuropas. Kassel, 1876.'

Mammutszähne und -knochen. Frähn, Ibn Foszlan
S. 229.

Pelzhandel. Rauchwaaren*) bildeten jedenfalls den
Hauptexportartikel des Nordens. Noch heute erinnert an
jenen Vertrieb unser Wort ‚Kürschner'; siehe darüber S. 19
Anm.**)

a. Füchse; schwarze, rote, weisse und bunte. Sehr
wichtig wäre es nun zu konstatiren, ob diese weissen Füchse
notwendig Eisfüchse gewesen; in diesem Falle nämlich hätten
wir — vorausgesetzt, dass das Verbreitungsgebiet des Tieres
dasselbe geblieben — einen Beleg dafür, dass Waaren noch
aus Gegenden jenseits des 60. Breitegrades bis nach dem
Reich der Chalîfen wanderten.***) Auf eine Frage, die ich in
betreff dieses Punktes an eine zoologische Autorität, Herrn
Akademiker Staatsrat v. Köppen, richtete, war derselbe so
freundlich, mir folgende Auskunft zu erteilen:

‚So viel mir bekannt, kommt der gewöhnliche Fuchs nur
in einzelnen Exemplaren, als Albino, ganz weiss vor und

---

*) Im ersten und zweiten Heft der Zeitschrift für Ägypt. Spr. des
Jahrgangs 1886 wird dieses Wort im Sinne von Räucherwerk angewendet,
was aber dem allgemeinen Gebrauche widerspricht.

**) Mit ‚Küre' bezeichnete man, wenigstens lokal, einen Pelz, der
nur den Oberkörper bedeckte. [Prof. Fleischer.]

***) v. Baer, Nachricht von der Erlegung eines Eisfuchses an der
Südküste des finnischen Meerbusens nicht weit von St. Petersburg und
daran geknüpfte Untersuchung über die Verbreitung dieser Tierart.
Bulletin scientifique. Tome IX. würde die Angabe Brehms nicht wesentlich modifiziren.

kann als solcher im Handel keine Rolle spielen. Daher
sind weisse Füchse, die im Handel vorkommen, wol
immer auf Eisfüchse zu beziehen.....

Ob der Eisfuchs früher weiter nach Süden verbreitet
war als gegenwärtig, darüber fehlen, so viel, wie ich weiss,
jegliche Angaben. Übrigens geht er an einigen Stellen
Asiens mit der Tundra, an die er gebunden zu sein scheint,
bis zum 51^0 n. Br. (So bei Brandt*).)'

b. وشـق Luchs wurde von mir in meinen ‚Handelsartikeln'
S. 13 vermisst. Jetzt verdanke ich Herrn Prof. Nöldeke die
Bekanntschaft mit der Stelle Jaᶜqûbî pag. 55, wo er er-
wähnt wird.

c. Zobel semmûr. Dieser Artikel wurde von den Normannen nachweislich bis aus Amerika bezogen. (Weinhold
S. 101). Schwarzes Zobel. In Betreff dieses Tieres habe
ich noch folgende freundliche Mitteilung des Herrn Akademikers
von Köppen nachzutragen: ‚Es sollen im Altai neben den
hellen sehr dunkle Zobel vorkommen, wie mir Herr Akademiker Radloff mündlich bemerkte.'

d. qâqum Hermelin. Zenker hat in seiner Ausgabe von
Kasem-Begs türkisch-tatarischer Grammatik S. 257, Zeile 5
dieses Tier in der Übersetzung von Raḥman Qûlîs Brief
vergessen. Siehe ferner Ibn Dasta. S. 23.

e. fenek, Wüstenfuchs. fenecus Arabicus. In den uns
interessirenden Stellen jedoch ein nordisches Pelztier, vermutlich Schneewiesel. Vergl. auch Dozy & Engelmann pag.
102—7. Art. alfaneque. (Die Unterscheidung nach der Punk-
tation wird aufgegeben werden müssen).

f. deleh od. deleq. Wiesel (?) Muq. 325, ·aber auch von
Ibn Dasta (ed. Chwolson, Petersburg 1869) genannt. Leipziger Pelzhändler versicherten mir zwar, dass der Balg nicht

---

*) F. Brandt, Bemerkungen über die Wirbeltiere des nördlichen
europäischen Russlands, besonders des nördlichen Urals.

in den Handel käme; dem widersprechen aber die Angaben des Herrn von Köppen.

g. Edelmarder ist nach den heutigen Verhältnissen mit Bestimmtheit unter den Ausfuhrartikeln zu suchen! nur ist zweifelhaft, ob er sich unter einem genannten Namen verbirgt*) oder von den arabischen Geographen vergessen ist; doch nennt ihn Raḥman Qûlî nach Zenkers Übersetzung zweimal.

h. Vehe sindjâb. Jaʿqûbî pag. 55 signalisirt diesen Handel in Ṭûs. Nach Popow**) werden von den Syrjänen ungefähr eine Million Eichhörnchen jährlich erlegt. (Siehe Stiedas Referat. Archiv für Anthrop. X). Noch heute werden mit den Namen für Eichhörnchen von einigen ural-altaischen Stämmen die Kopeken benannt; im Wogulischen heisst der Rubel schêtlîn = 100 Eichhörnchen.***) Was die Farbe anlangt, so kommen rote Eichhornpelze (wol nur Sommerkleid) bei uns garnicht in den Handel; mir sind nur graue und weisse zu Gesicht gekommen (letztere Bauchfell derselben Tiere). Die Leipziger Pelzhändler beziehen sie aus Russland. Über die Species teilt mir Herr v. Köppen mit: ‚Wir haben im europäischen Russland nur eine einzige Art: Sciurus vulgaris, die in verschiedenen Farbenvarietäten sowohl nach Sommer- und Winterkleid, als auch nach der Gegend vorkommt. Herr v. Baer spricht in seiner sehr lesenswerten Abhandlung, betitelt ‚Nachrichten aus Ost-Sibirien‘ (in Baer und Helmersens Beiträgen zur Kenntnis des russischen Reichs, Bd. VII, pag. 155 und 225—240) eingehend über die verschiedene Qualität des Grauwerks nach den Gegenden.‘

---

*) Vom fenek, den man früher dafür hielt, habe ich nachgewiesen, dass er weiss gewesen sein muss.

**) Die Syrjänen und das syrjänische Land.

***) O. Schrader, linguistisch-histor. Forschungen zur Handelsgeschichte und Waarenkunde. Jena 1886. S. 119.

i. qundus oder qunduz*) nach dem Zeugnis einiger Araber = kelb el-mâ Biber (Fischotter). Für die Übersetzung von ‚Biber' habe ich noch ein Zeugnis aus den Gesta Abbatum Fontanellenorum (Scrip. rerum. Germ.) anzuführen. Dort heisst es pag. 53:

De cappis vero: cappas Romanas duas, unam ...., alteram ex cane Pontico, quem vulgus bevurum nuncupat etc.'

Biberfelle haben wir auch unter den djulûd el-chezz, welche vielfach genannt werden, zu verstehen, wiewohl Frähn an die Fischotter, Charmoy an die Seeotter**) dachte. Nach Ibn Ḥauqal kamen sie auch aus Spanien, wozu man das spanische alchaz (Dozy & Engelmann, pag. 90) vergleiche.

k. Bunte Hasen. Muqaddesi 325.

l. wabr von Ibn Faqîh genannt [Nöldeke]. Mit diesem Wort verhält es sich wie mit fenek. Einerseits bezeichnet wabr ein echtes Wüstentier, dessen Bekanntschaft Burckhardt und Euting machten und das auch von altarabischen Dichtern genannt wird — nach Hommel, Säugetiernamen pag. 322: hyrax Syriacus***) — dann aber auch ein nördliches Tier, vielleicht das Kaninchen. (Tâdj el-ʿarûs).

Neben Pelzen wurde auch Leder exportirt.

Fische. Vergl. Kasem-Beg, Gram. deutsch v. Zenker, S. 257, getrocknete siehe Weinhold 102, Stockfisch oder vielleicht Flundern, vergl. Weinhold 110. Hausenblase, Muqaddesi 325. Fischzähne, ebendaselbst; ob Dorschzähne?

---

*) Die Nebenform mit k, die z. B. Abulfedâ hat, verrät das türkische Fremdwort.

**) Mém. de l'acad. des sciences de St. Pétersb. Série 6, Tom. II, pag. 324.

***) Klippschiefer, wie Hommel angiebt, wofür man aber wol Klippschliefer zu lesen hat. Höhlenwohnungen des wabr im Granitgebirge wurden auch Prof. Euting gezeigt.

Honig. Sehr oft von orient. und occident. Quellen als Handelsartikel genannt. So weit die grossen Lindenwaldungen namentlich an der Wolga und in Polen sich ausdehnten, wurde er gewonnen; den Reichtum Preussens an diesem Artikel erwähnt der Seefahrer Wulfstan; nach Ibrahîm B. Ja'qûb hatte das südlich davon gelegene Reich des MSCHQH daran Überfluss. Muqaddesî hebt Honig (pag. 355) als Produkt des Chazarenlandes hervor; auch den Namen der Baschkiren hat man mit der Bienenzucht in Verbindung gebracht. In Kairo existirte nach el-Usjûṭî am Anfange des 8. Jahrhunderts eine besondere Honigkaufhalle. Der Gebrauch war vor der Reformation gewiss ein ausgedehnterer, da grösserer Wachslichterbedarf der Bienenzucht aufhalf, und er, wenigstens im Abendlande, vielfach die Stelle des Zuckers ersetzte. — Dem Vorgange der Alten folgend, verwandten die Araber den Honig auch in der Medizin (siehe bereits Sûre 16); Wachs (resp. Wachskerzen. Dieterici).

Chalendj. Unsere Angabe, dass der Chalendjbaum, wahrscheinlich die Birke, in der Arznei nicht verwendet zu sein scheine, beruht auf einem Versehen; man findet bei Ibn Baiṭâr einen längeren Artikel. Vergl. ferner über diesen Baum Frähn, Ibn Foszlan S. 107—8 und de Goejes Indices.

Tûz nach der gewöhnlichen Annahme Weisspappel, nach v. Sontheimer aber Schwarzpappel (der auf Ibn Hasans Gleichsetzung fusst). Herr v. Köppen bemerkte mir gegenüber, dass die Pappel in Russland selten, ihre Rinde zum Schreibmaterial kaum geeignet und das Holz schlecht sei; man sollte daher einmal die Linde ins Auge fassen, die den alten Russen brauchbares Schreibmaterial lieferte und deren Waldungen den arabischen Kaufleuten schon Bezugsquellen für Honig waren.

Haselnüsse bunduq Muq. 325. Das Wort stammt aus dem griech. (χάρυον) Ποντικόν. [Nöldeke.]

Getreide.

Bernstein. Die Verwechselung mit ʿanbar hat doch noch wieder in der neuen franz. Ausgabe von Heyd (I. S. 61) Unheil angerichtet. — Dass übrigens schon frühzeitig andere Bezugsquellen als die samländische Küste für Bernstein bekannt waren, geht aus dem Verbot der Bernsteinausfuhr durch König Hakon Magnusson von Norwegen (14. Jahrhundert) hervor, das vornehmlich gegen deutsche Kaufleute gerichtet waren, die ihm zu viel Bier importirten.

Metalle und Edelsteine (?), namentlich Blei, doch wol nur aus Südrussland.

Schwerter, Panzer und Pfeile.

(Pelz-) Mützen. Sie waren nicht nur in Bulġâr,*) sondern auch in Transoxanien allgemein im Gebrauch, da Iṣṭachrî pag. 314 von den Bewohnern Bochârâ's sagt: „Und was ihre Kleidung anbetrifft, so ist die qabâ**) und die qalansuwa ***) vorherrschend gemäss der Mode in Transoxanien.' — ‚Russische Hüte' wurden nach Weinhold (S. 178) auch in Skandinavien getragen.

Weinhold giebt ferner (103) als nordische Ausfuhrartikel Wolle, Federn, Fischbein und Thran an, was aber wol eben so inkorrekt ist wie die darauf folgende Bemerkung über den Import: ‚Von Süden herauf aber kamen die Gold (!) münzen von Byzanz und Kufa, goldener und eherner Schmuck,†) schöne Seidenzeuge und köstliche Klingen (?).'

Ich habe an diesem Orte nur einen kleinen Teil des von mir nachträglich gesammelten Materials gegeben, das demnächst in einer zweiten gänzlich umgearbeiteten Ausgabe meiner ‚Handelsartikel' vollständig Verwendung finden wird.

---

*) Ibn Fadlân.
**) Siehe Dozy (Dictionnaire des vêtements S. 352—52).
***) Calantica.
†) Hauptsächlich jedenfalls silberner.

Kapitel II.

Import.

Neben den arabischen Quellen sind hier noch die Resultate anthropologischer Ausgrabungen (welche, da diese im Orient noch kaum begonnen haben, für den Export nicht in Betracht kommen) zu berücksichtigen. Aus der Menge der Münzfunde wollte man schliessen, dass der Import dem Export nachstand. Tychsen glaubte sogar daraus ein Übergewicht der abendländischen Industrie ableiten zu dürfen, da der Orient das ihm fehlende durch Geld ersetzen musste. Doch ist einmal zu bedenken, dass eben das Geld der Barbaren, wie wir gesehen, in Marder- und Eichhornfellen und noch vergänglicheren Stoffen*) bestand; sodann, dass diese nordischen Völker bei ihren geringen Bedürfnissen für die Luxusartikel des Orients meist keine Verwendung hatten. — Die Putzsucht freilich ist selbst dem Wilden eigen. So waren es denn vorzugsweise Putzsachen und allerlei Tand, wofür der verschmitzte Araber die Schätze des Nordens eintauschte. Ein Übergewicht der arabischen Kultur aber zeigt sich im Gegensatz zu Tychsens Ansicht deutlich darin, dass beim Import statt der Rohprodukte hauptsächlich Kunstprodukte auftreten (analog der Form des Geldes; Geld ist ja auch Waare).

Von den Arabern wurden Wein**) und Früchte***), Parfüms

---

*) Siehe O. Schrader, S. 114—119, wozu ich bemerke, dass auch Ibrâhîm B. Ja'qûb von den Böhmen den Gebrauch von Tüchern statt Geldes berichtet.

**) An seiner Verbreitung haben die Semiten vermutlich einen grossen Anteil. Höchst wahrscheinlich ist sogar das Wort ‚Wein' im Indogermanischen zunächst semitisch, siehe darüber z. B. A. Müller in Bezzenbergers Beiträgen zur Kunde der indogermanischen Sprachen I, S. 294.

***) Unser Wort ‚Orange' ist eine Verstümmelung des persisch-arab. nârendj v. Kremer II, 336, Dozy & Engelmann. Doch wanderte es, wie das spanische narandja, portugiesische larandja, italienische arancio, fran-

aus Indien, leinene, seidene und baumwollene Stoffe als Ein-
fuhrartikel genannt; doch wird durch Berücksichtigung der
Funde dieses Bild nicht nur bedeutend erweitert, sondern
auch verschoben.

a. Stoffe.

In der Verfertigung kostbarer Stoffe hatte es der Orient,
namentlich Persien, schon vor der arabischen Invasion zu
bewundernswerten Leistungen gebracht; bis auf den heutigen
Tag ist dieser Industriezweig dort nicht gänzlich unterge-
gangen (siehe v. Kremer II, pag. 285 u. f.). Zur höchsten
Blüte gelangte er wol in den glanzvollen Tagen des Chalîfats,
indem damals für die Waaren das weiteste Absatzgebiet geschaffen war. Ausser zur Bekleidung gebrauchte man Zeuge
im Morgenland und Abendland hauptsächlich zu Tapeten.
Persien, das die Kleiderpracht zuerst bei den aus religiösen

---

zösische orange zeigen, wol den Westweg. — ,Pfirsich' entspricht zunächst
dem arabischen firsiq; dieses firsiq oder firsik aber geht auf das grie-
chisch-lateinische $Περσικόν$, Persicum (nämlich $μῆλον$, malum) zurück. —
,Limone' (= Citrone) ist das arabisch-persische ليمون Hier haben wir
einerseits spanisch limon (Dozy & Engelmann), französisch limon; andrerseits aber auch russisch limónn und limonadd (Limonade). Doch ist
das Wort wol durch das Französische resp. Deutsche ins Russische ein-
gedrungen. Über den heutigen Reichtum Persiens an diesen Südfrüchten
und ihre verhältnismässig geringe Ausfuhr siehe Stoltze & Andreas S. 12.

***) Vielleicht unter anderm der Balsam بلسم der zum grossen Teil
aus Indien kam. Ibn Batûta erwähnt das rege Treiben auf dem Amber-
und Moschusmarkt zu Tebrîz II, S, 130):

ودخلنا سوق العنبر والمسك فراينا مثل ذلك او اعظم

Letzteres bezieht sich auf die Pracht und Tumult, die der Autor auf
dem vorher von ihm besuchten Markt der Juweliere antraf. — Von
Tebriz aber sagt Generalconsul Blau pag. 41, dass es als Mittelpunkt
des gesammten Verkehrs zwischen Persien und Europa dastehe.

Von den Gewürzen übrigens, welche Tortûschî zu seiner Verwun-
derung mit den Sâmânidendirhems in Mainz sah, nennt er folgende:
فلفل (Pfeffer) زنجبيل (Ingwer) قرنفل (Gewürznelken) سنبل (Narde)
قسط (Costus) خاولنخان (Galanga. Heyd II, 591).

Gründen anfangs widerstrebenden Arabern eingebürgert, ging auch mit den benachbarten Distrikten — selbst Armenien leistete damals nach v. Kremer II, pag. 288 Bedeutendes im Textilfache — in der Erzeugung kostbarer Stoffe voran. Schon aus der Produktivität dieser dem Norden zugewandten Teile des Chalifenreichs lässt sich der Schluss ziehen, dass diese Waaren auch in grosser Menge nach Norden verfahren wurden, was arabische Berichte bestätigen.

Fassen wir zunächst die Schafwollenindustrie ins Auge; vor allem war die ṭaberische berühmt (v. Kremer II, pag. 288). Man verfertigte dort Teppiche und Mäntel; doch können wir die Ausfuhr nach dem Norden nicht belegen, der wahrscheinlich in diesem niedrigsten Zweige der Zeugindustrie sich selbst beriet.

Anders steht es mit dem Flachs, der zwar auch im Norden gedieh, aber nichts desto weniger in Gestalt von linnenen Geweben importirt wurde, was einerseits wol an der grösseren Vollkommenheit der Bearbeitung gelegen haben mag, andererseits aber auch teilweise am Rohmaterial, denn Ägypten produzirte den besten Flachs der Welt.

Baumwolle und Seide mussten natürlich, wenn sie begehrt wurden, gänzlich aus dem Süden bezogen werden. Erstere erfreute sich bei den Arabern einer besonderen Beliebtheit; sie führten sie nach chinesischen Quellen bis China aus. Die Baumwollenindustrie wurde in Europa erst durch die Araber bekannt, die sie im 10. Jahrhundert nach Spanien brachten; mit ihrer Vertreibung ging sie wieder zurück. Baumwollene Zelte überbrachte unter anderem die zweite Gesandtschaft Hârûn ar-Raschîd's Karl dem Grossen nebst vielen und wertvollen seidenen Gewändern. Obwohl sonst in Europa noch nicht sehr beliebt, scheint doch gerade in Südrussland die Baumwolle frühzeitig weite Verbreitung gefunden zu haben. Ibn Faḍlân erwähnt Baumwollenstoffe als Handelsartikel von den Chazaren zu den Russen. Muqaddesî

erzählt pag. 367, dass von Qûmis weisse Baumwolltücher
(القطن من البيض المناديل) zuweilen im Werte von 1000
Dirhems exportirt wurden, die allerdings wol schwerlich nach
dem Norden gingen. Noch heute erhalten die Russen Baumwolle
in grossen Massen von den Bucharen (siehe E. A. XII,
pag. 363.*)

Die hohe Seidenkultur in den nordöstlichen Provinzen,
von wo aus sich dieselbe erst weiter durch das Chalîfenreich
verbreitete, haben wir schon früher erwähnt. Dass auch der
hohe Norden seidene Gewänder zu schätzen verstand, geht
aus einer Stelle der Saga vom heiligen Olaf (Rafn, antiquités
russes I, pag. 432) hervor. Schon Rigsmal 31 gedenkt sei-
dener Windeln bei Edlen und in der jüngeren Edda wird
ein Seidenband erwähnt. Freilich hat wol gerade in diesem
Artikel der griechische Handel dem arabischen Konkurrenz
gemacht. Wenn Ibn Faḍlân griechischen Brokat bei dem
König der Slawen antraf, so hatte derselbe vermutlich seinen
Weg über Trapezunt genommen, wo nach Iṣṭachrî dieser
Handelsartikel in die Hände der muhammedanischen Kaufleute aus denen der Griechen überging. Doch stand die
Dîbâdj-Industrie auch in arabischen Ländern in Blüte, so
z. B. in Qûmis (Muq. 367), und eben zum Unterschied von
jenem nennt Ibn Faḍlân den Stoff, den er in Bulgâr sah,

---

*) Interessant und lehrreich für uns ist Herbersteins dort zitirter
Bericht von der Schafspflanze (Commentarii rerum moscovitarum. Bas.
1563 pag. 10: „er habe einen Saamen ersehen, welcher etwas grösser und
ronder dann der Melonen saam und aber sonst nicht ungeleich war. Wann
man diesen inn die erden gesetzet, sei etwas härfür kommen, so einem
Schaaf gleiche. Dieses werde in ihrer Sprach Boránez genannt und
habe ein∙ haupt, augen, ohren und alle glieder wie ein Schaaf so eben
erst an die welt kommen, darzu ein gar subtil fäll, welches die Leut im
selbigen land gemeinlich brauchen die hüet mit zu füttteren.' E. A. XII,
pag. 365 wird zu dieser Stelle bemerkt, dass mit Baumwolle gefütterte
oder wattirte Mützen noch jetzt bei fast allen mittelasiatischen Stämmen
im Gebrauch sind.

dîbâdj rûmî.*) Wir können hier vielleicht wieder Kultureinflüsse verfolgen, da Kremer II, 290 sagt: ‚Ganz Seide war
der hochgeschätzte Dîbâdj-Stoff, ein schweres Seidenzeug,
der sich durch bunte Muster auszeichnete und dessen Styl,
wie ich glaube, durch die bunten grossblumigen Verzierungen
der katholischen Messgewänder sich bis in unsere Tage erhalten hat.‘ Man soll hier nicht einwenden, religiöse Bedenken hätten solche Entlehnungen unmöglich gemacht, denn
die arabischen Gewande der Marienkirche zu Danzig**) fand
man unter Messgewanden; wahrscheinlich haben sie selbst
zu diesem Zwecke gedient. Auch hat Heyd gezeigt, dass
Rom die Kirchen des Abendlandes oft mit Prunkstoffen versorgte, die aus den Webereien der Ungläubigen hervor-
gingen.

Leider bot die Vergänglichkeit dieser Artikel nicht dem
Zahne der Zeiten Trotz, so dass die Funde hier wenig Aufschluss geben. Doch ist Kruse geneigt, einigen von ihm gefundenen mit Bronze durchwirkten Tüchern babylonischen
oder ägyptischen Ursprung zuzuschreiben. Im Dom zu Chur
und in der Marienkirche zu Danzig**) werden Prachtgewande
mit arabischen Inschriften aufbewahrt. Von ersterem erwähnt
Keller, dass es in den Schenkungen, die vom 11. Jahrhundert
an datiren, nicht genannt werde, mithin wol älterer Besitz
ist. Hierhin gehört allem Anschein auch auch der Krönungs-
mantel im Schloss zu Ofen, der 1031 von Stephan's Ge-
mahlin Gisela nach Stuhlweissenburg gestiftet wurde; siehe
Heyd I, 94. Obwohl diese Gewänder höchst wahrscheinlich
auf sehr divergenten Wegen zum Abendlande wanderten, beweisen sie doch zum mindesten, wie sehr damals die Erzeugnisse arabischer Textilindustrie daselbst beliebt waren. Dem
Charakter nach verwandt ist ferner das Prachtkleid mit ein-

---

*) Vergl. Ibn Dasta S. 27.
**) Karabacek, Die liturgischen Gewänder der Marienkirche zu
Danzig.

gestickter arabischer Schrift, über welches schon v. Murr
(Beschreibung der vornehmsten Denkwürdigkeiten in Nürnberg. Nürnberg 1778, pag. 235—55) gehandelt hat; doch
besagt die Stickerei, dass es erst aus dem Jahre 520 d. Fl.
(1126 n. Chr.) stamme.*)

Übrigens sind die arabischen Inschriften auf Stoffen
nicht immer ein sicheres Merkmal ihrer orientalischen Herkunft; vielmehr verhält es sich damit ähnlich wie bei den
Barbarenmünzen; v. Kremer bemerkt II, 291, dass man in
Oberitalien nicht nur die Stoffe, sondern auch diese Inschriften
nachgeahmt.**)

Eine ähnliche Unsicherheit wie bei den genannten
Prachtgewändern in Mitteleuropa, müssen wir bei zwei Stellen
des Kudrunliedes, an denen arabische Stoffe erwähnt werden,
konstatiren. Denn während einerseits daselbst auch die
normannischen Handelsfahrten ins Spiel kommen, liegt es
andererseits nahe, an die Kreuzzüge zu denken. Nur muss
man nicht vergessen, dass letztere mit dem Handel direkt
wenig zu schaffen hatten und das Transportiren orientalischer
Gewande nach Europa für den Ritter weit beschwerlicher
war als für den Kaufmann, was zu Gunsten der ersten Ansicht spricht. Die Stellen sind nach der Ausgabe von Bartsch
(III. Aufl., Leipzig 1874.) Strophe 1616:

Der si alle wolde kleiden, wâ solde er daz hân?
Ob z' Arâbî daz rîche im waere undertân,

---

*) Über ihn spricht auch Kremer mehrfach, so II, pag. 291.
**) Es war mir interessant, in einem (nicht tapezierten), sondern ge-
strichenen Zimmer eines Hauses der Kramer-
strasse hierselbst nebenstehende innerhalb eines
gewissen Feldes regelmässig wiederkehrende
Verzierung anzutreffen. Die arab. Buchstaben
sind nicht zu verkennen, dennoch waren es Leipziger Handwerker, die sie malten.

Sô waene ich drinne niemen funde bezzer waete,
Dan man dâ gap den gesten. —
und Strophe 1326:
Dâr ûfe lâgen golter*) dâ her von Arabê
Vil maniger hande varwe, und grüene alsam der klê
Von listen**) harte tiure die deckelachen rîche etc.

Doch stehen uns auch Belege für die Einführung orientalischer und zwar arabischer Gewebe zu Gebote, die älter sind als die Kreuzzüge.

So sagt Bischof Theodulf v. Orleans († 821):
Alter ait, mihi sunt vario fucata colere (sic!)
Pallia, quae misit, ut puto, torvus Arabs;
Quo vitulus matrem sequitur, quo bucula taurum,
Concolor est vitulo bucula, bosque bovi,
Splendorem spectes, junctamque coloribus artem
Utque rotis magnis juncta sit arte minor.

Ein stragulum Hispanicum fanden wir in den gesta Abbatum Fontanellenorum pag. 53 verzeichnet. — Anastasius Bibliothecarius (885) erwähnt im römischen Pontificalbuch: Vela serica aquilata et leonata.***) Zum baltischen Norden

---

*) Polster.
**) Leisten, Borten.
***) Die phantasiereichen Tiergebilde der semitischen Mythologie, welche die Wände assyrischer Königspaläste schmückten und aus den Schilderungen bei Jescha´jâhû und Jechezqêl bekannt sind, lebten in dem arabischen Kunstgewerbe wieder auf und wurden sogar für das Abendland zu heraldischen Vorbildern, wie denn überhaupt die Nachkommen der ritterlichen Beduinen auf die Gestaltung des Rittertums (neben den Normannen, die allerdings in ganz andrer Weise wirkten) einen grossen Einfluss ausgeübt haben (vergl. z. B. den Passus über die Falken). Die alten Götzen fristeten unter dem Gewande der neuen Lehre ihr Dasein wie sich altgermanisches Heidentum bei uns vielfach bis auf den heutigen Tag, wenn auch meist dem Christentum assimilirt, erhalten hat. Für die Araber vollzog sich dieser Prozess nicht vollkommen unbewusst; fromme Männer duldeten, wie erzählt wird, kein Geschirr mit Tierdar-

gelangten diese Stoffe wol nur ausnahmsweise durch die Klöster; doch mussten wir auch den Handel auf Wegen, die zwischen den beiden Endpunkten liegen, ins Auge fassen.

Als drittes Zeugnis für unseren Handelszweig kommt eine Reihe von Benennungen für Stoffe und Kleidungsstücke in Betracht, welche arabischen Ursprung verraten:

Atlas, arab. aṭlas glatt, Elativ von ṭils; resp. Plur. aṭlâs, russ. atlasŭ.

Baldachin, ‚Gewebe aus Baldach, wie man im Abendlande statt Bagdad sagte' A. Müller. Vergl. O. Schrader. S. 255.

Barchent, arab. barrakân, russ. barakanŭ, span. barragana.

Biber, siehe meine ‚Handelsartikel' S. 25.

Mhd. buckeram aus Bochârâ? O. Schrader. S. 216.

Circassienne.

Damast, in der Form dimaqs schon bei Dichtern der djâhilîja (z. B. Imru'l Qais 10); wahrscheinlich von Damascus.

Doliman (türk.) دلامان دلامة‎ dolaman, dolama, eigentlich überhaupt Umwurf, Überwurf, amictus.

Jope = Jacke, jaquette, wie lykos und lupus lautlich

---

stellungen an ihrer Tafel, obwohl aus den Vorschriften des Qorân diese Abscheu direkt nur mühsam zu erklären wäre. Wer weiss, ob das phantastische geflügelte Ungeheuer an der Aussenseite unserer gotischen Dome, auf der Tapete unserer Zimmer, auf dem Wappenschild der Fürsten und auch auf dem Orden, den sie verleihen, nicht am Ende der arabische Götze Nasr ist?

Eine Analogie hierzu bietet das Fortleben des ursemitischen Sternkultus innerhalb des Islâm; derselbe gewann, nachdem er bereits Jahrtausende hindurch im Morgenlande bestanden hatte, plötzlich durch die Araber auch für das Abendland in der Astrologie hohe Bedeutung; der Grundgedanke dieser Disziplin, dass die Sterne das Leben der Menschen regeln, ist ein schon von den Propheten des alten Bundes bekämpfter Volksglaube.

verwandt. Mittelhochdeutsch jop(p)e, juppe, franz. jupe, ital. giubba, ist das arab. djubba.

arab. qamîs kommt bereits im Qorân vor (Dozy, vêtements 374/5); auch Tarafa 28. Davon chemise (Chemisette) und Kamisol. Das franz. Lexikon von Sachs hält irrtümlicher Weise lat. camisia für ursprünglich.

Kaschmir.

Katun von quṭn (resp. tethqîlirt) Baumwolle; vielleicht auch Kittel. Die Verwandtschaft mit כתנת كتّان χιτών wäre wegen der verschiedenen K- und T-Laute nur dann möglich, wenn es auch im Semitischen ein Fremdwort wäre, was allerdings wahrscheinlich ist. Russ. kutnja.

Muslin von Môṣul.

Shawl. Dozy S. 244: C'est le terme persan شال chale, qui a passé dans plusieurs langues de l'Europe.

Schâsch. Die arabischen Originalwörterbücher geben an: 1. feines Baumwollengewebe. 2. Musselinbinde, um den Turban zu winden. Dozy, vêtements S. 240: C'est de ce terme que les Anglais ont formé leur mot sash qu'ils emploient pour désigner une écharpe, une ceinture. Obwohl die Möglichkeit nicht ausgeschlossen, dass das Wort mit hebräisch schêsch zusammenhängt, welches man wiederum vom ägyptischen schens ableitet, möchte ich doch bei den vielfachen Analogien lieber an die Stadt Schâsch denken, zumal die Form schâschijja vorkommt.

Taffet, ‚pers. tâfteh, gesponnen, gewebt'. Schrader S. 255.

Bei Saweljew (Ermans Archiv, Bd. VII, S. 226) findet man noch eine Reihe russischer Wörter für Stoffe, die persischen oder überhaupt orientalischen Ursprungs sind; dort wird auch der Nachweis geliefert, dass sie teilweisse vor der Mongolenherrschaft in Russland bekannt waren. Vergl. ferner v. Kremer II, 339 und O. Schrader an mehreren Stellen.*)

*) Einige Benennungen wanderten freilich auch in umgekehrter Richtung, so Flanell neuarabisch فنيلة entstanden aus pannus laneus.

Schliesslich ist es ganz unzweifelhaft, dass viele Volks-
trachten, namentlich des weiblichen Geschlechts, nicht nur
in Spanien und Italien, sondern auch in Russland, Österreich
und Deutschland auf orientalische Vorbilder zurückgehen.
Vergegenwärtigen wir uns nun die längst beobachtete Thatsache, dass Kostüme, die man heute auf dem Lande findet,
sich aus mittelalterlichen Hofkostümen entwickelt haben, indem die niederen Volksklassen die Mode der höheren nachahmten*) und dass für diese Baġdâd tonangebend in Mode-
sachen war, so begreifen wir, dass der nordisch-arabische
Handel selbst für die Gestaltung unserer Nationaltracht von
Bedeutung gewesen.

b. Toilettengegenstände.

P. Savélieff (Sur l'importance des études d'archéologie
et de numismatique orientales pour la Russie in den Mémoires de la société d'archéologie et de numismatique de
St. Pétersbourg. Vol. I, 1847) berichtet, dass Metallspiegel,
welche man im Gebiet der Wolga-Bulgaren (in Bulgar und
Bilarsk) ausgegraben bei Baġdâd gefundenen aus dem 10.
und 11. Jahrhundert glichen. Einen derselben mit Darstellungen des Borâq findet man bei Frähn beschrieben und
abgebildet. (Antiquitatis muhammedanae monumenta varia.
Particula II. Petersb. 1822, pag. 61). Über ein ähnliches
Exemplar mit Tierdarstellungen und verwandter kufischer
Aufschrift, das am Ob bei Samarow von den Ostiaken verehrt wurde, siehe Strahlenberg.**) Vergl. ferner Dorn, Asiat.

Ähnlich verhält es sich mit Mantel und mandîl. — Alpaca hat trotz der
wol durch irrtümliche Etymologie entstandenen Nebenform Paco natürlich nichts mit dem Arab. zu schaffen. Das Alpaca ist eine südameri-
kanische Lamaart.

*) Zum Teil wol auch, weil sie von ihnen abgelegte Kleidungs-
stücke trugen.

**) Man vergl. hiermit Longpérier, oeuvres, Tome I, Paris 1883,

Museum der Kaiserlichen Akademie zu Petersburg. S. 133
und 134.

c. Schmucksachen.

Mit den Münzen zugleich hat man mehrfach Silberperlen
von anscheinend orientalischer Arbeit gefunden, wie solche
im nordischen Museum zu Berlin und im Provinzialmuseum
zu Danzig*) aufbewahrt werden. Im Typus verwandt mit
ihnen ist Kruse, Necrolivonica Tafel 51, 52,3. Für arabisch
könnte man auch die Schnalle mit den zwei phantastischen
Tiergestalten halten, die er Tafel 14, 7 und 8 abbildet, sowie den Fund von Pyhla**) auf der Insel Ösel (Taf. 49 g. u. h.),
obwohl hier die dabei befindlichen christlich-byzantinischen
Gegenstände Bedenken erregen. Man muss in solchen Fällen
überhaupt vorsichtig sein, da das altarabische und byzantinische Kunsthandwerk in ihren Erzeugnissen sich oft er-
staunlich nahe stehen.

Glasperlen. Kruse ist der Meinung, dass einige in
den Ostseeprovinzen gefundene Perlen aus mussivisch zu-
sammengeschmolzenem Glase (Necrolivonica Tab. 33, Fig. a)
ägyptischen Ursprungs seien, weil Seetzen genau solche
Perlen aus den Katakomben Ägyptens mitgebracht habe.
Die Zahl derselben unter den prähistorischen Funden Nord-
Europas ist eine sehr grosse; ihre Technik oft bewundernswert;
die Ähnlichkeit mit den aus Äthiopien stammenden im ägyptischen Museum zu Berlin in der That eine überraschende.
Nun war Ägypten wegen seiner Glasindustrie im Mittelalter
berühmt.***) Ferner sagt Kremer vom Chalifenreich (II, 281):

---

pag. 394 u. f. Miroir arabe à figures, wo ein sehr ähnlicher Spiegel
aus Alexandria, der pl. VIII abgebildet, beschrieben wird.

*) Sie gleichen der bei Dorn, Asiat. Museum. Tafel No. 6 ab-
gebildeten.

**) Berlin Nordisches Museum.

***) Vergl. auch die arab. Glasgewichte, welche vielleicht als Münzen
gedient haben und nur in Ägypten vorkommen. — Glaswaaren machen

‚Schon im 2. Jahrhundert H. verstand man die Herstellung von emaillirtem Glas und von Glasschmelz, sowie von Glasflüssen,*) wobei verschiedene Glasmassen mit einander verbunden wurden. Als ein erfahrener Kenner dieser Manipulationen wird ein gelehrter Chemiker genannt, der auch hierüber besondere Schriften verfasste und sogar aus Glas die Herstellung falscher Perlen versuchte, worüber er eine eigene Abhandlung herausgab.' (Isḥâq Ben Noṣair. Fihrist. 360).

Mithin ist die Möglichkeit des Imports dieser Schmuckgegenstände durch die Araber vorhanden: sie wird zur Gewissheit durch Ibn Faḍlân, der (Frähn pag. 5) von den Russinnen sagt:

‚Ihr grösster Schmuck besteht in grünen Glasperlen in der Art, wie sie sich auf Schiffen finden.**) Sie übertreibens damit, zahlen einen Dirhem für so eine Perle und reihen sie für ihre Weiber zu Halsbändern auf.'

Selbst das Wort für Glasperlen ist noch heute im Russ. ein arab. Lehnwort (Andree I, pag. 38), nämlich: bisser (arab. busr n. unit. busra). Nach Saweljew ist es direkt aus dem Arab. entlehnt. Über im Ural gefundene Glasperlen und deren Herstellung siehe Teplonchoff. Archiv für Anthropologie XII. 1880.

Kaurimuscheln, Cypraea moneta. Sehr interessant ist das Vorkommen der im indischen Ocean lebenden Kaurimuschel in baltischen Gräberfunden.***) So traf man eine

---

auch die Chinesen unter den arab. Einfuhrartikeln namhaft, siehe von Kremer II, 280.

*) سيول الزجاج

**) Natürlich als Fracht, nicht als Zierrat, wie Frähn wollte. Die Menge der bei uns gefundenen Glasperlen macht es durchaus wahrscheinlich, dass ganze Schiffsladungen nach dem Norden gingen.

***) Über Kaurimuscheln vergl. Andree I, 643 u. 644.

solche im Ohr einer bei Stangenwalde (Kreis Karthaus) ausgegrabenen Gesichtsurne an; siehe darüber Berendt, Die
pommerellischen Gesichtsurnen. Bd. I. Königsberg 1872.
pag. 29 und unsere Abbildung. Kruse erwähnt desgleichen
cypraea moneta aus den Ostseeprovinzen in den Mémoires de
la société royale des antiquaires du nord 1838—39. Copenhague.

Nun berichtet Wellsted (Reisen in Arabien I, pag. 209):
Den Hals der Kameele pflegen die Araber noch heutigen
Tages ‚mit einem Bande von Tuch und Leder zu zieren, auf
welches kleine Muscheln, Kauris genannt, in Halbmondform
aufgereiht und aufgenäht sind.' Keil führt dieses Zitat zur
Erläuterung der שהרנים und ענקות Richter 8 an, eine Stelle,
welche das hohe Alter dieses Gebrauchs wahrscheinlich macht.
Vergleichen wir ferner Kiesselbach pag. 2: ‚Das vielfach genannte

Kaurigeld ist ohne Zweifel dadurch entstanden, dass jene Muscheln ursprünglich als Verzierungen verwendet wurden, wie man selbst noch bei uns hie und da Pferdegeschirre damit besetzt sieht' so wird es schwer, nicht an arabische Einfuhr zu glauben.

Doch spricht ein Fund dagegen und für vor-arabischen Import. Man fand nämlich auf dem Neustädter Totenfeld bei Elbing, dessen Altertümer den ersten Jahrhunderten unserer Zeitrechnung angehören, eine cypraea moneta. (Der anthropologischen Sektion der Danziger Naturforscher-Gesellschaft vorgelegt am 9. Dezember 1885.) Freilich sind solche Funde, so lange sie vereinzelt bleiben, unzuverlässige Zeugen.

d. Wein.

Namentlich von Semender aus, der Zwischenstation auf dem Handelswege von Derbend nach Itil, wurde ein grossartiger Weinbau betrieben. Iṣṭachrî sagt, es gebe hier an 4000 Weingärten bis zur Grenze von Sertr. Dr. Andreas nennt Persien ein Weinland im eigentlichen Sinne des Wortes.*) Rosinen werden noch heute in ungeheuern Massen aus Persien nach Russland importirt. Dass übrigens die Araber so gewissenhaft waren, sich auf Traubenausfuhr zu beschränken, ist kaum anzunehmen; vielmehr scheinen die 4000 Weingärten am Ausgangspunkt der Handelsstrasse zu beweisen, dass der Wein damals im Handel dieselbe Rolle spielte wie heute der Branntwein beim Verkehr der Europäer mit unzivilisirten Völkern.

e. Waffen und Geräte.

Gewiss vielfach begehrt, aber ungern abgelassen. Ein Schwert mit kufischen Charakteren wurde 1759 in Schweden ausgegraben. v. Minutoli. pag. 10.**) Vergl. ferner Frähn 211 und meine ,Handelsartikel' pag. 37. Herr Oberlehrer Dr. Jentsch in Guben hatte die Freundlichkeit mir eine Arbeit über die ,prähist. Altertümer des Kreises Guben' zu

---

*) Nach Nestor V, 140 kam der Wein auch von den Griechen.
**) Weinhold S. 103 verallgemeinert diese Thatsache.

übersenden, in welcher No. 19 die Darstellung eines dort gefundenen Beiles mit phantastischer Tierdarstellung von möglicherweise orientalischer Arbeit (?) enthält.

Man hat bereits wiederholt darauf hingewiesen, dass Schiffstaue aus arabischen Ländern kamen und zwar auf dem westlichen Handelswege jedenfalls durch die Normannen. In der Kudrun heisst es Strophe 266:

> Ir ankerseil wurden dâ her von Arabê
> Gefüeret harte verre, daz man sît noch ê
> Deheiniu alsô guoten ninder vinden künde.

Dass es dergleichen auch auf der Ostsee gab, ist nicht unmöglich. Über die vermutliche Herstellung und Heimat dieser Taue vergl. Stüwe pag. 287. v. Kremer macht darauf aufmerksam, dass câble (franz.) und cablo (span.) auf das arabische habl zurückgehen. Dieses Lehnwort fehlt bei Dozy und Engelmann und das französische Lexicon von Sachs — sonst bekanntlich ein vorzügliches Buch*) — leitet câble von lat. capere ab. Der Artikel cucurba bei du Cange laborirt wol an einem Missverständnis. Vergl. jedoch Schrader S. 52; al-djommal heisst in der That Schiffstau im Arabischen; das franz. goumène ist leider im grossen Sachs nicht angegeben.

Diese Beispiele mögen genügen. Man erwarte keine Vollständigkeit, da der Handel, wie gezeigt, teilweise in Seeraub überging und man nahm, was man fand.

---

*) Die arabistische Seite zeigt allerdings manche Schwäche. Coupe Becher ist nicht, wie Sachs will, lat. cupa, das NB. Tonne (!) bedeutet, sondern arabisch kûb Becher. Vergl. auch S. 178 des vorliegenden Buches. Bei gêner findet man keine Etymologie angegeben und doch geht es deutlich auf das arabische djehennam (bei uns gewöhnlich Gehenna) zurück. Die Grundbedeutung des französischen Verbs ist demnach ‚peinigen'. Die Geschichte des Worts ist wunderbar, vom Thale Hinnôm bis zum geniren! Will Jemand die Sprache eines Volkes lexikalisch behandeln, so muss er sich, wenn anders seine Arbeit Anspruch auf wissenschaftlichen Wert macht, auch um die der Nachbarvölker kümmern.

Anmerkungen und Nachträge.

S. 10 Z. 15. Beachtenswert ist in dieser Hinsicht der Umstand, dass die Muhammedaner jener Gegenden selbst einst darauf stolz waren, in sehr alter Zeit für die Lehre des Propheten gewonnen zu sein. ‚Die Provinz Kasan', heisst es in Rahman Qûlis Brief an den Pâdischâh ‚seit den Tagen ʿOmars zum Islâm bekehrt, ist ein Asyl der Gläubigen.'

S. 11. Zu der Form ‚Agurke' bemerke ich noch, dass das Dänische gleichfalls agurke und das Niederländische agurkje hat. Auch Kluge giebt die falsche Ableitung vom persischen angâre.

Die Gurke steht übrigens im islâmischen Orient hoch in Ansehen. Einem Blatte der täglichen Rundschau (1886) entnehme ich darüber folgende vermutlich aus Bodenstedts Feder geflossene Mitteilung:

‚Bei den Türken, Persern, Arabern geniesst die Gurke der allerhöchsten Verehrung, die sich sogar in Liebesliedern ausspricht, wie Niebuhr in seiner ‚Arabischen Reise' berichtet. Bartholdy erwähnt, dass am 24. Mai 1803 Kanonendonner das Abschneiden der ersten Gurke in Smyrna begleitete und von Mahomed II. wird erzählt, dass er 7 Pagen den Bauch aufschlitzen liess, um zu erfahren, wer von seinen Gurken genascht.'

S. 17 Z. 12. Doch ist diese Erscheinung nicht nur kausal, sondern auch teleologisch zu erklären, indem der Handel bemüht ist, ein einheitliches Verkehrsidiom zu schaffen.

S. 18 Z. 18. Djâhiliija = (Zeit der) Unwissenheit d. i. die Zeit vor der endgültigen Gottesoffenbarung, welche in dem Herabsteigen des unerschaffenen Qorân bestand; denn Propheten gab es schon seit Adam; aber das Licht ihrer Gotteserkenntnis war nur ein prismatisch gebrochenes.

Arabien wird um diese Zeit auch am Vertriebe des Elfenbeins, zwischen dessen beiden Hauptbezugsquellen, Afrika und Indien, es lag, bedeutenden Anteil gehabt haben. Das beweist der arabische Artikel el- in Elephant und Elfenbein (beachte die Volksetymologie!), welcher der ursprünglichen Form dieses Wortes fehlt, vergl. ägypt. âb, sanskrit ibha Elephant, hebr. schen-habbîm Elfenbein (siehe darüber Lieblein, Handel des Landes Pun, Zeitschr. für ägypt. Sprache. 1886).

S. 27 Z. 13. Man vergesse nicht, dass daneben auch im Osten jedenfalls Tauschhandel bestand!

S. 36 Z. 2. Dank dem wissenschaftlichen Eifer meines Freundes Dr. Bachmann aus Wittenberg, sowie vor allem der ausserordentlichen Güte des Herrn Oberst v. Borries zu Halle ist es mir noch gelungen, einen bisher unbeachtet gebliebenen Fund aus der Provinz Sachsen zu ermitteln. Der letztere der beiden Herren hatte die Güte, mir in Betreff desselben folgende Mitteilungen zu machen:

,Auf Ihr wertes Schreiben vom 26. v. Mts. erwidere ich Ihnen ergebenst, dass sich im hiesigen Provinzialmuseum eine altarabische Medaille von Blei befindet, welche bereits im Jahre 1821 in einer Urne unter Erde und Knochenüberresten aufgefunden wurde. Die Urne befand sich in einem unfern des Dorfes Gross-Jena an der Unstrut gelegenen Grabhügel, aus welchem ausserdem eine Anzahl Urnenscherben, sowie Ringe und Nadeln von Bronce und Fibulas von Eisen gewonnen sind. Nähere Angaben über diese Fundobjekte befinden sich im ersten Jahresbericht über die Verhandlungen des Thüringisch - Sächsischen Vereins für Erforschung vaterländischen Altertums. 1821, pag. 12.

Die aufgefundene Münze ist demnächst noch besonders beschrieben im 2. Jahresbericht desselben Vereins. 1822, pag. 2. Auch ist dieselbe auf Tafel XI der zu diesem Jahresberichte gehörigen Zeichnungen in natürlicher Grösse abgebildet . . . .'

Aus meiner topographischen Übersicht erhellt zur Genüge, wie wertvoll gerade nach dieser Seite jede Erweiterung des Fundgebietes ist. Leider war mir die Abbildung unzugänglich, da die Schriften in Leipzig nicht aufzutreiben waren und ich das freundliche Anerbieten des Herrn Oberst v. Borries, mir dieselben zuzusenden, wegen vorgeschrittener Zeit nicht mehr annehmen konnte.

S. 49, Anm. 4. Man vergleiche Schrader S. 87 σίμωρ. Leider muss ich zu diesem Abschnitt bemerken, dass die dort und S. 94 angegebene arabische Form samoyr, wie überhaupt manche der Transscriptionen semitischer Wörter in jenem Buch ein Unding ist. r bezeichnet höchstens den starken arabischen Gutturallaut, den wir mit ġ wiedergeben, und wird so z. B. von Prof. Guthe angewendet, nie aber ܝ; lang u transscribirt man im Deutschen nicht durch oy; ausserdem ist die Verdoppelung des m fälschlich unterblieben; der erste Vokal neigt in diesem Falle sicherlich mehr zum e- als zum a-Laut; doch ist letztere Wiedergabe nicht als Inkorrektheit zu betrachten.

S. 58, Z. 5. Man denke an das bekannte altnordische Lied von Angantyr und Hervor.

S. 63. Die Zeichnung musste, da die Zusendung des Originals

10

verweigert wurde, leider nach einer vor Jahren von mir genommenen Zeichnung angefertigt werden. Ich glaube trotz der starken Barbarisirung noch mit Sicherheit zu lesen:

Muhámmad	Chalife
(ist)	. . . . .
der Gesandte	
Allâhs	. . . . .

S. 74, Anm. Um einer unrichtigeren Aussprache von Seiten der Laien vorzubeugen, habe ich mir in der Transscription von quwwa eine Inkonsequenz erlaubt.

S. 75, Z. 32. Die irrtümliche Schreibung Ibn Bâtûta geht wol von Arnolds Chrestomathie aus.

S. 90, Z. 5. Madjûs, Magier, Heiden.

S. 113. Das von Dr. Hermann Müller in der Greifswalder Bibliothek entdeckte und (Marburg, 1877) edirte Manuscript ,de Wineta deperdito Pomeranorum emporio' stammt aus dem vorigen Jahrhundert und enthält — abgesehen von dem barbarischen Latein — nichts Bemerkenswertes.

S. 126. Eine Kritik über v. Sontheimers Ibn Baitâr-Übersetzung hat Dozy in der Z. D. M. G. geliefert.

S. 128. Ob für نمح nicht zuweilen رمح zu lesen?

Druckfehler.

S. 9 Z. 18 statt ‚sie' lies: ‚wir'.

S. 19 Z. 6 statt ‚mitqâl' lies: ‚mithqâl'.

S. 20 Z. 17 ‚haben' streichen.

S. 29 Z. 28 statt ‚Sprache' lies: ‚Sprachen'

S. 32 Z. 13 statt ‚der' lies ‚dem'.

S. 33 Z. 1 statt ‚die Arbeiten' lies: ‚die einschlägigen Arbeiten'.

S. 33 Z. 25 statt ‚Münzkabinet' lies: ‚Münzkabinet zu Danzig'.

S. 43 Anm. 1 statt ‚1660' lies: ‚1860'.

S. 45 Z. 21 statt ‚beschriebenen' lies: ‚beschriebenen Spiegel',

S. 52 Z. 8 statt ‚schlagen' lies: ‚schlagen'**).

S. 62 statt ‚Kapitel VII' lies: ‚Kapitel VIII'.

S. 62 Anm. statt ‚gáa' lies: ‚gaa'.

S. 75 Z. 22 statt ‚1183' lies: ‚1283'.

S. 94 Z. 4 statt جيش lies: ان جيشا

---

www.ingramcontent.com/pod-product-compliance
Lightning Source LLC
Chambersburg PA
CBHW021432110726
47901CB00008B/2389